市场营销理论与实务

熊 伟 主编

延边大学出版社

图书在版编目（CIP）数据

市场营销理论与实务 / 熊伟主编. -- 延吉 : 延边大学出版社, 2022.3
　　ISBN 978-7-230-02816-5

　Ⅰ．①市… Ⅱ．①熊… Ⅲ．①市场营销学 Ⅳ. ①F713.50

中国版本图书馆 CIP 数据核字(2022)第 036180 号

市场营销理论与实务

主　　编：	熊　伟
责任编辑：	黄秀琦
封面设计：	品集图文
出版发行：	延边大学出版社
社　　址：	吉林省延吉市公园路 977 号　　邮　编：133002
网　　址：	http://www.ydcbs.com
E-mail：	ydcbs@ydcbs.com
电　　话：	0433-2732435　　传　真：0433-2732434
发行电话：	0433-2733056　　传　真：0433-2732442
印　　刷：	北京宝莲鸿图科技有限公司
开　　本：	787 mm×1092 mm　1/16
印　　张：	10　　字　数：202 千字
版　　次：	2022 年 3 月　第 1 版
印　　次：	2022 年 5 月　第 1 次印刷

ISBN 978-7-230-02816-5

定　　价：68.00 元

前　言

市场是什么？从不同的角度去看，其有不一样的答案。但是毋庸置疑，市场是企业的利润源泉。随着人工智能时代的到来，企业的市场发生了变化，"新时代"消费群体成为各大企业所关注的营销对象。

然而，与以往相比，"新时代"消费群体的消费观念却发生了一些变化，这种变化体现在：一方面在中国传统文化、节约理念的影响下，一些人的消费观念是量入为出，以俭为德；而另一方面受到各种因素的影响，一些人的消费显现出体验化、个性化的特点，他们产生越来越多的超过实际需求的消费欲望，这在给企业带来商机的同时，也带来了挑战。这就要求企业在进行市场营销时势必从更长远的角度、更高的层面出发，以"新时代"消费群体的体验为核心，以人工智能、大数据、物联网等先进的技术作为营销基础，随时关注宏观和微观市场环境的动态变化，自上而下地进行计划、组织、协调、控制、决策，即面对"新时代"消费群体，从上到下，从营销理念到营销技术都得发生变化。

本书主要包括市场营销概述、市场营销环境管理、营销市场调研管理、市场营销与产品策略管理、价格策略与营销管理、营销渠道战略与管理等内容，从理论与实务两方面入手，探索适合市场需求与企业发展需要的策略与方法。

目　录

第一章　市场营销概述 1
- 第一节　市场营销的创新理念与原则 1
- 第二节　市场营销管理的任务和原则 9
- 第三节　以市场为导向的营销思想 17
- 第四节　市场营销的理念创新与方法创新 22

第二章　市场营销环境管理 32
- 第一节　市场营销环境概述 32
- 第二节　市场环境分析方法——SWOT 分析法 42
- 第三节　购买者行为分析 51

第三章　市场营销中的市场调研管理 63
- 第一节　市场调研概述 63
- 第二节　市场调研方案策划 68
- 第三节　市场调研项目规划书 74

第四章　市场营销与产品策略管理 84
- 第一节　市场营销中的产品组合策略 84
- 第二节　产品生命周期与营销策略 95
- 第三节　品牌营销策略 105

第五章　定价策略 112
- 第一节　企业定价策略概述 112
- 第二节　文化产品的定价策略 125

第六章 营销策略与营销渠道管理 **134**
　　第一节　企业的营销策略 **134**
　　第二节　营销渠道策略与模式 **137**
　　第三节　营销渠道的激励与风险控制管理 **147**

参考文献 **152**

第一章 市场营销概述

第一节 市场营销的创新理念与原则

市场营销,又称市场学、市场行销或行销学,主要是指营销人员针对市场开展经营活动、销售行为的过程。经典商业管理课程都把市场营销作为对管理者进行培养的重要内容。市场营销是在创造、沟通、传播和交换产品中,为消费者、客户、合作伙伴以及整个社会带来有价值的活动、过程和体系。

一、市场营销的创新理念

市场营销理念根据其演变与发展,可归纳为五种,即生产观念、产品观念、市场营销观念、消费者观念和社会市场营销观念。

(一)生产观念

生产观念是指导销售者行为的古老观念之一,这种观念产生于 20 世纪 20 年代以前。生产观念下企业的经营哲学不是从消费者需求出发,而是从企业生产角度出发,主要表现是"企业生产什么，就卖什么"。生产观念认为，消费者喜欢那些可以随处买得到而且价格低廉的产品，企业应致力于提高生产效率和分销效率，扩大生产，降低成本以扩展市场。

例如，美国某面粉公司从1869年到20世纪20年代，一直运用生产观念指导企业的经营，当时这家公司提出的口号是"本公司旨在制造面粉"。美国著名汽车企业创办人曾宣称"不管消费者需要什么颜色的汽车，我只生产黑色的"，这也是典型的运用生产观念指导企业经营的表现。显然，生产观念是一种重生产、轻市场营销的商业哲学，是在卖方市场条件下产生的。在资本主义工业化初期以及第二次世界大战末期和战后一段时期内，由于物资短缺，市场产品供不应求，生产观念在企业经营管理中颇为流行。

生产观念是一种"企业生产什么，消费者就消费什么"的观念。因此，除了物资短缺、产品供不应求的情况，有些企业在产品成本较高时，其市场营销管理也受生产观念支配。例如，某汽车企业曾倾全力于汽车的大规模生产，努力降低成本，使消费者购买得起，借以提高其汽车的市场占有率。

生产观念的缺点：第一，忽视产品的质量、品种与推销；第二，不考虑消费者的需求；第三，忽视产品包装和品牌。

（二）产品观念

产品观念也是一种较早出现的企业经营观念。产品观念认为，消费者最喜欢高质量、多功能或具有某种特色的产品，企业应致力于生产高价值产品，并不断改进产品。产品观念产生于市场产品供不应求的"卖方市场"条件下。最容易滋生产品观念的场合，莫过于当企业发明一项新产品时。此时，企业最容易出现"市场营销近视"，即把注意力放在产品上，而不是放在市场需求上。在市场营销管理中缺乏远见，只看到自己的产品质量好，看不到市场需求在变化，会使企业经营陷入困境。

例如，美国某钟表公司自1869年创立到20世纪50年代，一直被公认为是美国最好的钟表制造商之一。该公司在市场营销中强调生产优质产品，并通过由著名珠宝商店、大型百货公司等构成的市场营销网络分销产品。1958年之前，该公司的销售额始终呈上升趋势。但此后，其销售额和市场占有率开始下降。造成这种状况的主要原因是市场形势发生了变化。这一时期许多消费者对名贵手表已经不感兴趣，他们转而购买那些经济、方便且新颖的手表；同时，许多制造商为迎合消费者需要，已经开始生产低档产品，并通过廉价商店、超级市场等大众分销渠道积极推销，从而夺得了该钟表公司的大部分市场份额。该钟表公司没有注意到市场形势的变化，依然沉醉于生产精美的传统样式手表，仍旧借助传统渠道销售，认为自己的产品质量好，消费者必然会找上门，结果致使企业经营遭受重大挫折。

产品观念的不足：第一，"市场营销近视"，即过分重视产品本身而不重视市场需求的变化；第二，忽视市场宣传。

（三）市场营销观念

市场营销观念是一种新型的企业经营哲学，这种观念是以满足消费者需求为出发点的，即"消费者需要什么，就生产什么"。尽管这种观念由来已久，但其核心原则直到20世纪50年代中期才基本定型。当时社会生产力迅速发展，市场表现为供过于求，同时广大消费者个人收入迅速提高，可以对产品进行选择，企业之间竞争加剧，许多企业开始认识到，必须转变经营观念，才能求得生存和发展。

市场营销观念认为，企业实现各项目标的关键在于明确目标市场的需求，并且比竞争者更有效地输送目标市场所期望的产品或服务，进而比竞争者更有效地满足目标市场的需求。市场营销观念的出现，使企业经营观念发生了根本性变化，也使市场营销学发生了一次革命。

市场营销观念同推销观念相比具有较大的差别。西奥多·莱维特曾对推销观念和市场营销观念做过深入的比较，他指出：推销观念注重卖方需要，考虑如何把产品变成现金；而市场营销观念则注重买方需要，考虑如何通过制造、输送产品以及提供与最终消费产品有关的所有服务，来满足消费者的需要。可见，营销观念的四个支柱是：市场、消费者导向、恰当的市场营销和利润。推销观念的四个支柱是：工厂、产品导向、推销、利润。从本质上说，市场营销观念是一种以消费者需求为导向的哲学，是消费者主权论在企业市场营销管理中的体现。

（四）消费者观念

随着现代营销策略由产品导向转变为消费者导向，满足消费者需求及提高其满意度逐渐成为营销策略成功的关键。各个行业都试图通过卓有成效的方式，及时准确地了解和满足消费者需求，进而实现企业目标。

实践证明，不同市场的消费者存在着不同的需求，甚至同属一个市场的消费者需求也会经常变化。为了适应不断变化的市场需求，企业的营销策略必须及时调整。在此背景下，越来越多的企业开始由奉行市场营销观念转变为奉行消费者观念。所谓消费者观念，是指企业注重收集每一个消费者以往的交易信息、心理活动信息、媒体习惯信息和购买偏好信息等，企业根据由此确认的不同消费者的价值，分别为每个消费者提供不同的产品或服务，传播不同的信息，通过提高消费者忠诚度，增加每一个消费者的购买量，从而确保企业的利润增长。市场营销观念强调的是满足市场的需求，而消费者观念则强调满足每一个消费者的特殊需求。需要注意的是，消费者观念并不适用于所有企业。一对一营销需要以工厂定制化、运营电脑化、沟通网络化为前提条件，因此贯彻消费者观念要求企业在信息收集、数据库建设、电脑软件和硬件购置等方面进行大量投资，而这并不是每一个企业都能够做到的。有些企业即使舍得花钱，也难免会出现投资大于回报的结果。

消费者观念最适用于那些善于收集单个消费者信息的企业，这些企业所营销的产品能够借助消费者数据库实现交叉销售，使产品产生周期性的重购。消费者观念往往会给这类企业带来更多的效益。

（五）社会市场营销观念

社会市场营销观念是对市场营销观念的修改和补充，它综合考虑了企业利益、消费者需求和社会利益。社会市场营销观念认为，企业的任务是确定各个目标市场的需求和利益，并以符合消费者和社会长远利益的方式，比竞争者更有效、更有力地向目标市场提供能够满足其需求和利益的产品或服务。

二、市场营销的方法

（一）整合营销传播

整合营销传播指的是将一个企业各种传播信息的方式加以整合集成，其中包括一般的广告、与消费者的直接沟通、促销、公关等，对分散的传播信息进行整合，从而使得企业及其产品和服务的总体传播效果得以明确、连续、一致和提升。

（二）数据库营销

数据库营销指的是以特定的方式在网络上或线下收集消费者的消费行为资讯、企业的销售资讯，并将这些资讯以固定格式累积在数据库当中，选择适当的营销时机，以此数据库进行统计分析的营销行为。

（三）网络营销

网络营销是企业整体营销策略的一个组成部分，是为实现企业总体经营目标所进行的，以互联网为基本手段，营造网上经营环境的各种活动。网络营销的职能包括推广网站、建立与推广网络品牌、信息发布、在线调研、维护顾客关系、提供顾客服务、建设销售渠道、促进销售八个方面。

（四）直复营销

直复营销是在没有中间商的情况下，直接把产品和服务给到消费者的一种营销方式。即直接与消费者沟通或不经过中间商而进行的销售活动，是生产企业利用一种或多种广告媒介，理论上可到达任意地点，产生可以衡量的反应或交易结果的营销方式。

（五）关系营销

在很多情况下，企业并不能寻求即时的交易，所以他们会与长期供应商保持良好的关系。企业偏好可以提供不同地区配套产品或服务，且可以快速解决各地问题的供应商。同时，企业必须明白，虽然关系营销很重要，但并不是在任何情况下都会有效的。因此，企业必须评估如何采用关系营销最有利。

（六）绿色营销

绿色营销是指企业为了迎合消费者绿色消费的消费习惯，将绿色环保作为企业产品的价值观导向，以绿色文化为其生产理念，力求满足消费者对绿色产品的需求所做的营销活动。

（七）社会营销

社会营销是基于人具有"经济人"和"社会人"的双重特性，运用类似商业上的营销手段达到社会公益的目的；或者运用社会公益价值推广商品或商业服务的一种手段。与一般营销一样，社会营销的目的也是有意识地促进目标人群（消费者）的消费行为。但是，与一般商业营销模式不同的是，社会营销中所追求的消费行为改变更多是由于非商业因素。

（八）病毒营销

病毒营销是一种信息传递策略，企业通过公众将信息廉价复制，告诉其他受众，从而迅速扩大自己的影响。和传统营销相比，受众自愿接受的特点使得企业营销成本更低，收益更多。

（九）危机营销

1. 适当拓展产品线

经销商在代理经营生产企业的产品时，应尽可能拓展自己的产品线，以分化因生产企业的危机而带来的风险。以某区域的经销商老王为例，其经营的产品线过于单一，导致在某次风波中损失很大，虽然也采取了一些补救措施，但对其所造成的影响，在一定的时期内却是灾难性的。

2. 加大对终端网络的建设和维护力度

对一个成功的经销商来讲，产品多样化经营是必要的，但其主要依靠的应该是强而有力的终端网络而不是某一两个产品来生存。只有这样，才能在发生危机时，快速调整经营的产品及策略，充分利用自己所掌控的终端网络，降低风险。

3. 加强与生产企业的合作

一般情况下，生产企业承受风险的能力要远远大于经销商。当生产企业危机来临的时候，经销商应该观察一段时间，不要立即把产品退回去。对于那种非常冲动的经销商，当危机过去的时候，其损失是最大的，生产企业也不会再和这样的经销商合作。只要生产企业向经销商传达的信息是积极主动的，经销商就应该好好配合生产企业。只要生产企业遵守承诺，该退货的退货，该赔偿的赔偿，聪明的经销商此时应该和生产企业同舟共济，共同面对当前的不利局面。毕竟"锦上添花"的事并没什么值得称道的，而"雪中送炭"才会令人记忆深刻。这样经销商不仅可以减少风险，而且在生产企业的危机过去以后，还可以与对方确立更为密切的合作关系。

4. 提高自身的经营能力

在现代商业经营中，机遇和风险是并存的。要想成为一个优秀的经销商，就应该学会未雨绸缪，时时关心生产企业、产品和市场的动态，合理把握自身资金流、库存、销售网络和配送的关系，强化内部管理，吸收先进经验。同时注意行业信息的收集，提前做好危机预案，进行充分的准备之后，才能与市场周旋。成功的经销商各有各的特色，但其共同点在于有良好的对危机的判断和反应能力。只有学会正确处理危机，在危机降临时，才能化危为机，在现代商业战场上，取得辉煌的胜利。

三、市场营销的原则

（一）诚实守信原则

诚实守信是道德要求的基础部分，是企业商业道德中最重要的品德标准，是其他标准的基础。

（二）义利兼顾原则

义利兼顾是指企业在获利的同时要考虑是否符合消费者的利益，是否符合社会整体和长远的利益。利是目标，义是要实现这一目标必须遵守的合理规则。企业对二者应该同时加以重视，达到兼顾。义利兼顾的思想是处理好利己和利他关系的基本原则。

（三）互惠互利原则

市场营销互惠互利是针对企业营销活动的性质，提出的交易过程中的基本原则。互惠互利原则要求在市场营销行为中，交易双方正确地分析、评价自身的利益，评价利益相关者的利益。因为对自己有利而对利益相关者不利的活动，由于不能得到对方的响应，而无法进行下去；而对他人有利、对自己无利的，又使经济活动成为无源之水、无本之木。

（四）理性和谐原则

理性和谐原则是企业道德化活动达到的理想目标。在市场营销中，理性就是运用知识手段，科学分析市场环境，准确预测未来市场发展变化情况。否则，好大喜功，单纯追求市场占有率而损失利润；或不根据自身的生产条件，只为当标王而付出高昂的代价，最终只能自食恶果。

第二节　市场营销管理的任务和原则

市场营销管理是指为创造实现个人和机构目标的交换,而规划和实施理念、产品和服务的构思、定价、分销和促销的过程。市场营销管理是一个过程,包括分析、规划、执行和控制,管理的对象包含理念、产品和服务。市场营销管理的基础是交换,目的是满足各方需要。市场营销管理的主要任务是刺激消费者对产品的需求,但不能局限于此。企业在实现其营销目标的过程中,市场营销管理会影响消费者的需求水平、需求时间和需求构成。因此,市场营销管理的任务是刺激、创造、适应及影响消费者的需求。从这个意义上说,市场营销管理的本质是需求管理。

一、市场营销管理的任务

任何市场均可能存在不同的需求状况,市场营销管理的任务是根据市场的不同需求状况制定不同的市场营销策略。

(一)负需求

负需求是指市场上众多消费者不喜欢某种产品或服务,如许多老年人为预防各种老年疾病不敢吃甜食和肥肉等。又如,有些消费者害怕冒险而不敢乘飞机,或害怕化纤纺织品含有有毒物质会损害身体而不敢购买化纤服装。市场营销管理的任务是分析消费者为什么不喜欢这些产品,并针对目标消费者的需求重新设计产品、定价,做更积极的促销,或改变消费者对某些产品或服务的认知,如宣传老年人适当吃甜食可促进脑血液循环、乘坐飞机出事的概率比较小等。把负需求变为正需求，称为改变市场营销。

（二）无需求

无需求是指目标市场的消费者客对某种产品毫无兴趣或漠不关心，如一些非洲国家的居民不穿鞋子，他们对鞋子没有需求。通常情况下，市场对下列产品没有需求：一般认为无价值的废旧物资；一般认为有价值，但在特定环境下无价值的物品；新产品或消费者平时不熟悉的物品等。

市场营销者的任务是通过市场营销，刺激需求产生，即创造需求，通过有效的促销手段，把产品利益同消费者的自然需求及兴趣结合起来。

（三）潜伏需求与潜在需求

潜伏需求是指现有的产品或服务不能满足一些消费者的强烈需求。例如，老年人需要高植物蛋白、低胆固醇的保健食品，安全、舒适、服务周到的交通工具等，但许多企业尚未重视老年人的市场需求。潜在需求和潜伏需求不同，潜在需求是指消费者对某些产品或服务有消费需求而无购买力，或有购买力但并不急于购买的需求状况。企业市场营销的任务是准确地衡量潜伏需求与潜在市场需求，开发有效的产品和服务，即开发市场营销。

（四）下降需求

下降需求是指目标市场的消费者对某些产品或服务的需求出现了下降趋势，如城市消费者对电风扇的需求渐趋饱和，电风扇销量下降。市场营销者要了解消费者需求下降的原因，或通过改变产品的特色，采用更有效的方法再刺激需求，即创造性地再营销；或通过寻求新的目标市场，以扭转下降的需求。

（五）不规则需求

不规则需求是指一些企业常面临因季节、时间等引起的对产品或服务需求的变化，而造成企业生产能力和产品的闲置或过度使用。如公共交通工具在运输高峰时不够用，在非高峰时则闲置。又如在旅游旺季时，旅馆紧张和短缺；在旅游淡季时，旅馆空闲。市场营销的任务是通过灵活的定价、促销及其他激励方式来改变需求的季节性、实间性等，这称为同步营销。

（六）充分需求

充分需求是指某种产品或服务目前的需求水平和时间等于期望的需求，但消费者需求会不断变化。因此，企业营销的任务是改进产品质量及不断预估消费者需求的满足程度，维持充分需求，这称为维持营销。

（七）过度需求

过度需求是指市场上消费者对某些产品的需求超过了企业供应能力，产品供不应求。企业营销管理的任务是减缓营销，可以通过提高价格、减少促销和服务等方式使需求减少。企业最好选择那些从其身上获得利润较少、要求提供服务不多的目标消费者作为减缓营销的对象。减缓营销的目的不是破坏需求，而只是减缓需求。

（八）有害需求

有害需求是指对消费者身心健康有害的产品或服务，如烟、酒、毒品、黄色书刊等。企业营销管理的任务是劝说消费者放弃这些需求，大力宣传有害产品或服务的危害性，停止生产供应等，这称为反市场营销。反市场营销的目的是采取相应措施来消灭某些有害的需求。

二、市场营销管理的原则

（一）控制过程比控制结果更重要

经常听到某些营销经理对业务员说："不管你是怎么卖的，只要你能卖出去就行，公司要的是销售额。"这是典型的"结果导向"的营销管理。在目前的市场营销环境中，这种观念不仅没道理，而且已失去了市场。如果哪个营销经理对业务员提出如此要求，他最终肯定得不到市场，也得不到他所希望的销售额。这是一种典型的只管结果不管过程的营销管理观念。

现代营销观念认为：营销管理重在过程，控制了过程就控制了结果。结果只能由过程产生，什么样的过程产生什么样的结果。现代营销管理中最可怕的现象是"暗箱操作"和"过程管理不透明"，因为如此将导致过程管理失控，过程管理失控最终必然表现为结果失控。企业采取"结果导向"还是"过程导向"的营销管理，在很大程度上决定了营销管理最终的成败。虽然通过对营销结果的分析同样能够发现并采取有效措施进行控制，但实际上，"结果导向"的控制只能起到"亡羊补牢"的效果，因为结果具有滞后性。企业今年的销售情况好，可能是去年营销努力的结果；而今年营销努力的结果可能经过很长的时间才能体现出来。在现代企业营销决策中，必须根据最新的市场信息进行决策。单纯根据具有时间滞后效应的营销结果进行营销决策和营销管理，显然是不行的。

1.对营销人员的过程管理

对营销人员的过程管理，最基本的要求是掌握"每个营销人员每天做的每件事"。将营销人员的过程管理发挥到极致的企业是我国著名的家电企业，他们对营销人员的管理被称为"3E管理"，即管理到每个营销人员（Everyone）每一天（Everyday）的每一件事（Everything）。该企业下属的某公司营销管理人员的任务就是了解营销人员的全部营销过程。每天早晨8点，总部的管理人员都要打电话对大多数营销人员进行检查，看他们是否准时开展营销工作；每天下午5点—6点，营销人员都要准时与总部管理人员联系，汇报当日工作，包括到什么地方，拜访什么客户，商谈什么问题，解决了什么问题，还存在什么问题，需要公司提供何种帮助，客户的姓名、地址、电话等，以及明天的工作计划。总部管理人员将营销汇报的所有信息记录在公司的"日清单"上。公司总部将根据汇报的信息，定期或不定期进行抽查，调查营销人员汇报信息的真实性。营销人员每天也要填写"日清单"（相当于营销日记）。营销人员回公司报销、述职时，管理人员要对照"日清单"核定票据的真实性，然后才予以报销。

该企业对营销人员进行全过程管理的"3E 管理"，起到了以下作用。

①它使所有营销人员的工作都处于受控状态，使很多企业管理人员常常感叹的营销人员"将在外，君命有所不受"的状态彻底改变。

②人都是有惰性的，有些营销人员取得一点小小的成绩后，业绩难以再提高，往往是惰性使然。由于采取"3E 管理"，营销人员时时感受到工作的压力，这种压力可以变为动力，帮助其克服惰性，当然也有助于营销人员提高销售业绩。

③"3E 管理"通过营销人员记"日清单"，使其不断反省自己，总结经验教训，从而使营销人员的工作能力大大提高，每天都有进步。

④通过"3E 管理"，掌握了营销人员的销售进展情况，企业能够在营销人员最需要的时候向他们提供最及时的销售支持。

⑤企业通过分析"日清单"，能够掌握市场总体状况，能够及时调整营销政策和营销思路。

2.对经销商的过程管理

对经销商的过程管理，其基本要求是管理到"每件产品以什么价格流向哪个市场"。对经销商的过程管理难度要比对营销人员的过程管理难度大得多。因为营销人员属于"内部人员"，是"可控因素"；而经销商属于"外部人员"，是"不可控因素"。正是因为对经销商不好管理，才导致众多企业对经销商管理失控，并最终表现为市场失控。对经销商的过程管理，亟须解决的有两个问题：一是敢不敢管的问题；二是管理手段和管理工具的问题。对经销商不敢管是营销管理中普遍存在的一种现象，特别是对那些实力强大的经销商，企业更是不敢管不敢问，害怕弄僵关系影响销售。实际上，对经销商越是不敢管，经销商的经营能力就越差，对企业的危害就越大。

（二）该说的要说到，说到的要做到，做到的要见到

1.该说的要说到

"该说的要说到"，它的基本含义是指营销管理必须制度化、规范化、程序化，对

营销管理的对象、管理内容、管理程序都必须以文件和制度的形式予以规范，避免营销管理过程的随意性，实行"法治"而不是"人治"。在营销管理中必须树立"法"的权威性而不是人的权威性。营销管理的"法"就是营销管理制度。因此，成功的营销管理首要任务是建立营销管理制度，依"法"管理，依制度管理。想到哪儿就管到哪儿，想怎么管就怎么管，这是营销管理的大忌，却也是目前普遍存在的营销管理现象。根治这一管理弊端最有效的措施就是坚定不移地贯彻"该说的要说到"这一营销管理的基本理念。

2. 说到的要做到

"说到的要做到"，这句话的含义要容易理解得多，但执行的难度也大得多。"说到的要做到"指的是，凡是制度化的内容，都必须不折不扣地执行。企业管理最可怕的不是没有制度，而是制度没有权威性。有制度而不能有效执行或有制度不执行，比没有制度对企业管理的危害更大。

3. 做到的要见到

"做到的要见到"，它的含义是：凡是已经发生的营销行为都必须留下记录，没有记录就等于没有发生。营销人员每天的工作要通过"营销日记"留下记录，理货员的理货工作要通过"理货记录"留下记录，与客户的交易要通过"客户交易卡"留下记录，营销人员发生的营销费用要通过"费用控制卡"留下记录，对客户的考察要通过"客户信用评估卡"留下记录，对市场的考察要通过市场考察报告留下记录，营销人员每月（季、年）的工作要通过月（季、年）度业绩报告留下记录，客户（营销人员）的来电要通过"电话记录卡"留下记录，现场促销要通过促销报告留下记录。"没有记录就没有发生"是营销管理的一个重要理念，它对营销管理有三大作用：一是建立了责任（业绩）追踪制度，当每件事都留下记录时，就很容易对事件的责任进行追溯；二是使营销过程透明化，能够有效避免营销过程中的"暗箱操作"现象和营销人员工作不负责任的现象；三是营销人员可以通过营销记录进行总结和提高。

（三）预防性的事前管理重于问题性的事后管理

营销管理人员通常有两种典型的管理方式，一种是习惯于"问题管理"，另一种是习惯于"预防管理"。习惯于"问题管理"的管理者，他们管理的特点是哪里发生问题，就到哪里解决问题。"问题管理"属于事后纠错式管理，这种管理只能解决已经发生的问题，而不能预防问题。习惯于"预防管理"的管理者，他们的管理特点是在问题发生之前就已经预料到问题可能会发生，并采取相应的措施进行预防。

一个企业的营销管理，不可能没有事后的问题管理。但问题太多，只能说明管理的失败。一个习惯于问题管理的管理人员，不管解决问题的能力有多强，不管曾经解决问题的难度有多大，不管曾经做出过多么轰轰烈烈的事，总是很难成为最优秀的营销管理人员。最优秀的管理者由于他们的远见和洞察力，由于他们的调研能力，总是能够把问题消灭在萌芽状态或防患于未然。习惯于预防管理的营销管理者，可能并没有习惯于问题管理的管理者那样有令人津津乐道的故事，他们的管理经历由于没有问题发生而显得平平淡淡。

凡事预则立，不预则废。凡是没有做好预防性营销管理的企业，必然会由于问题成堆而不得不花大量的时间去解决问题，这又使得他们缺乏时间和精力去预防问题，从而形成恶性循环。要做营销管理的预防性工作，就必须加强调研，通过调研发现问题的苗头，发现问题的规律，发现可能发生的问题。一个成天坐在办公室里的营销管理人员是很难做好预防管理工作的，每个营销管理人员必须明白：他的工作场所在销售一线，只有深入一线才能发现真正的问题，才能提前发现问题。在生产领域，最优秀的生产管理人员最有效的管理方式是"走动管理"。在营销管理领域，最优秀的营销管理人员最有效的管理方式还是"走动管理"，即要经常到市场上去走一走，去发现问题，并在现场将问题解决。

优秀的管理者还得思考问题的性质，是例外问题还是例常问题。例外问题是偶然发生的问题，而例常问题是重复发生的问题。优秀的管理者解决例常问题后，需要建立一种规则、一种政策、一种原则，以后发生类似的问题，根据规则、政策或原则处理就行了。

（四）营销管理的最高境界是标准化

长期以来，营销更多地被当作一种艺术，营销人员的经验、悟性、灵感和个人的随机应变占有更重要的地位。因此，大多数企业的营销可以被称为"精英销售"或"英雄主义的销售"。企业拥有了几个优秀的营销人员，靠这些优秀营销人员杰出的个人能力，就能为企业在市场上打出一片天。营销经理们总是千方百计地从各种渠道挖掘优秀的营销人才。遗憾的是，"营销精英"的跳槽频率极高（他们总是竞争对手挖墙脚的对象），管理起来难度也极大。他们既能为企业开发市场，也最容易毁掉企业的市场，甚至将客户带往竞争对手那里。"精英销售"还给企业带来一个问题：当企业没有找到或没有培养出销售精英时，那些普通的营销人员只有通过反复"花钱买教训"和"交学费"来获得提高。这是代价和风险极高的营销管理方式。

观察世界优秀企业的营销管理，发现他们有一个重要的管理理念：让平凡的人做出不平凡的业绩。优秀企业更重视企业的整体营销能力而不是个人的推销能力。如何才能让平凡的人做出不平凡的业绩？最好的方法就是标准化。优秀企业不仅能够把生产过程标准化，如某连锁快餐企业仅标准化操作手册就有几百本；而且尽可能地将营销过程标准化，如某著名的饮料企业不仅将产品在超市的陈列方式标准化，而且对营销人员巡视市场时是顺时针方向走还是逆时针方向走都有明确规定。优秀企业都有自己的标准化营销手册，营销人员人手一册。有些企业更深入一层，甚至将经销商的销售过程规范化，如某国外著名的电器企业仅客户销售手册就有几十本，营销人员经常性地对经销商进行标准化操作与管理培训，从而保证每个经销商都能规范运作。

标准化的营销程序与标准化的营销管理制度，通常是在对营销各方面深入细致研究的基础上，借鉴优秀企业和优秀营销人员的经验与教训而制订的，它的最大优点就是避免营销人员反复"交学费"，避免由于营销人员个人经验、能力、悟性等不足而可能给企业造成的损失。一个平凡的营销人员，只要按照标准化的营销程序从事营销工作，就可以尽可能地减少失误，并取得出众的业绩。

优秀企业都有这样的特点：靠科学、标准化的营销建立企业强大的营销能力，而不是靠几个能干的营销人员。那些在科学、标准化的营销体制之下业绩出众的普通营销人员，一旦离开该企业，离开企业强大的营销能力的支撑，业绩立即大滑坡。因此，在标准化的营销管理体系之下，营销人员的离职率相对较低，离职后对企业的损失也相对较小。

第三节 以市场为导向的营销思想

随着经济活动尤其是市场经济日趋成熟，营销作为实践指导性很强的理论，发生了较为巨大的变化；同时，理论的变化，给企业的经营理念和管理模式、市场规则等也带来了深远的影响。营销要以市场为导向、以需求为中心，这种观念的确立，是建立在市场竞争比较充分、买方市场倾向、产品无差异化日趋严重的现实基础上。以市场为导向，就是要充分尊重市场规律，承认市场的作用和能量，把握市场趋势，以市场接受的方式引领、调整包括营销在内的各种企业行为。

一、以市场为导向而非以产品为导向

以产品为导向的理念曾在很长一段时间内被广泛接受，甚至现在仍有企业把它作为营销指引。以产品为导向的理念认为只要生产（或销售）出质量更好的商品，就一定会吸引更多消费者购买，稳固并扩大市场份额。这是一种主观意识下的观点，实质是忽视了买方和竞争对手，强迫市场被动接受卖方。显然，在卖方市场或垄断行业中，企业以提高产品内涵谋取高额利润是非常正常也是最简单、高效的行为选择。但严格地讲，产品导向型营销并不是真正意义上的市场营销，因为这种营销没有真正在市场中进行，是脱离市场、否认市场的行为。在纷繁复杂、参与要素众多的现实市场条件下，必须充分换位思考，与各参与方实时互动，准确把握市场脉搏和发展趋势，才能真正找到企业的市场定位，发掘到含量最高的市场"金矿"。

营销是不同于销售并高于销售的独立环节。以市场为导向的营销，需要企业将营销环节前置，营销先行，用营销统领整个经营过程。在组织生产和销售之前，先要进行市

场调查，确定全盘经营规划；要不断改进市场调查方法和分析手段，始终致力于掌握更真实的市场需求，研判更准确的市场趋向；要根据市场需求，前瞻性地设计产品和销售方案；要把市场调查、生产、销售、售后有机整合，形成相互促进、循环上升的体系。

"没有疲软的市场，只有疲软的产品。"一种产品活力的丧失，最主要的原因是其背离了市场需求。因此，要想保证企业永续发展，需要在经营中紧盯市场，不断根据市场变化调整产品内容。一个公认的事实是，在市场竞争中，能够彻底打败对手并脱颖而出的方法是提供差异化明显、对手无法快速跟进模仿的产品或服务。但是差异化也是一把双刃剑，存在被市场接受和与市场背离两种情况。从市场自身需求出发，根据市场趋向而变化，不断地拉近与市场需求的距离，就是最有效地拉大与对手的差异化距离。

二、以市场为导向而非以消费者为导向

关于营销，有一种观点是开展营销要以市场为导向而非以消费者为导向，但要以消费者为中心。市场是由全体参与要素共同构成的，不仅包括消费者，还有政府、竞争者、上下游企业、宏观经济环境等。只以消费者或特定消费者为导向是片面的、不客观的，要以市场为导向，从多角色、多角度出发进行营销策划，坚持用发展的眼光寻找未来的市场定位。但特定的产品针对特定的消费者，这是正确的而且是必须明确坚持的，而且营销是动态的过程，其成功的关键在于随需而变，即以消费者为中心。

三、以市场为导向对企业发展的意义

营销不是只针对特定消费者，企业也不一定只生存于特定市场。企业的实质是人和资本结合而成的利益追逐体，其宗旨是追求利润最大化。成功的企业经营者不应满足于仅拥有专属行业的从业经验，更重要的是对内不断加深对资本特性的认知，熟练掌握驾驭资本的能力；对外不断提高分析和判断市场的能力。在人与资本的组合中，要以人为

主体,使资本为人服务,而不是人为资本服务。企业运作总是要经历从产品运营、资金运营到资本运营的不断进步。

(一)市场导向的核心思想

市场导向作为现代企业营销管理的一个基本理念被许多企业所认同,是因为其核心思想具有先进性,适应时代的发展要求;具有时代性,能促进企业实现可持续发展。市场导向的主要思想包括以下几方面。

1.树立消费者至上的思想

这是市场导向的首要因素,其基本思想是向消费者提供所需要的产品。也就是说,企业的整个市场营销活动,必须从明确消费者需求开始,以满足消费者需求而告终。因此,它要求企业的经营活动要围绕着一个中心展开,那就是消费者满意。怎样让消费者满意?就是自觉地调整企业的经营理念,认真研究消费者的需求,并以适当的方法,在适合的时间和地点,提供消费者需要的产品与服务。这是市场营销所应遵循的基本原则。

2.创建竞争优势

市场导向的第二个核心思想是创建竞争优势。与以往只注重追求销售额的理念不同,它更加强调企业必须具备取得长期的、最大限度的利润的竞争能力。企业不能采用急功近利的做法,而应该坚持长期发展战略。在利润的取得上,不拘泥于每次交易的利润多少,而是着眼于企业的长远发展,把争取消费者信任、扩大市场占有率作为最高目标,以期谋取稳定的利润。在生产导向和推销导向的影响下,衡量企业经济效益的唯一标准是利润;在市场导向的指导下,衡量企业获得经济效益能力的标准主要是市场地位、市场占有率、投资收益率等。以市场占有率为目标,虽然在短期内利润可能不多,但一旦在市场上居优势地位,企业可获得更持久、更高的回报。

3.实施整体营销策略

整体营销包括两个方面的要求:一方面,要求市场营销的多项活动密切配合。生产的发展、分配政策的选择、市场研究与预测、广告与销售等工作,都必须相互配合,成为一个整体,并在统一领导下进行工作。另一方面,整个市场营销活动必须与企业其他各个部门的活动协调一致。市场导向与生产导向相比有一个重要变化:在生产导向下,企业的典型做法是各个部门都从本位出发，各行其是；在市场导向下，企业各部门是互相依赖、互相促进的。例如，营销部门根据市场需求变化，要生产新产品，生产部门就要考虑现有生产、技术力量及设备能力，财务部门要考虑财务能力，做到与市场需求相适应。

（二）市场导向营销的发展

值得注意的是，市场导向也引起了学者的争议。他们认为，市场导向事实上包括满足消费者需求和谋取最大利润这两个相对立的目标。企业要同时兼顾这两个目标，就不免经常处于矛盾之中。有人认为，单纯的市场导向提高了消费者对需求满足的期望，加剧了满足眼前的消费需求与长远的社会利益之间的冲突，导致产品过早衰退，浪费了一部分物质资源。

基于上述情况，一些学者在20世纪70年代又提出了"社会营销"的理念。社会营销理念是对市场导向的重要补充和完善。它的基本内容是：企业提供产品，不仅要满足消费者的需求，而且要符合消费者和社会的长远利益，企业要关心与增进社会利益，将企业利润、消费者需求和社会利益三个方面统一起来。

20世纪80年代初，一些学者又提出了市场营销的"生态"观念。所谓生态营销观，指的是企业如同有机体一样，要同它的生存环境相协调。由于科学技术的发展，专业化分工更细，企业与外界环境相互依存、相互制约的关系日益明显。企业要以有限的资源去满足消费者的无限需求，必须利用自己所擅长的，发挥优势，去生产既是消费者需要，又是自己所擅长的产品。

市场导向的内涵在不断地完善，这对于指导企业营销实践发挥了重要作用。但是，尽管如此，对于市场导向仍需辩证地看。首先，并非所有企业都适合市场导向。有的学者指出，在某些情况下，对于一些企业来说，取得成功的关键可能是依靠先进技术，因此尽管市场导向极有价值，但在某些情况下，其他导向也许更为适宜。事实上，在市场经济发达的国家，实践市场导向的企业中，生产经营消费资料的企业多于生产经营产业用品的企业，大企业多于小企业。其次，市场导向与生产导向是不可偏废的。从理论上讲，为了更好地满足社会消费的需要，一方面要求生产紧随消费，另一方面有时也要求生产走在需求的前面。完全按照购买者的需求去组织生产，可能会压抑产品创新。电话、电灯、激光、静电印刷术、晶体管等的发明创造，靠的是对科学知识的追求，而不是来自市场导向的启迪。这说明，盲目奉行市场导向，既不符合实际情况，也有可能导致忽视科技进步、压抑产品创新、放松生产管理等严重后果。

市场导向型营销的实质是坚持不断创新，根据内外部环境变化调整营销理念和手段，增强企业的适应性和可塑性。营销无定式，只有在市场中审慎科学地摸索规律，相机而动，才能使企业真正立于不败之地。

第四节　市场营销的理念创新与方法创新

一、市场营销理念的创新

市场营销理念就是企业在市场上销售产品的思路与理念，决定着企业市场营销的方向。与传统营销理念相比，现代营销理念的创新使企业所销售的产品在属性上发生了改变，具有了深层次的内涵。现代营销理念的创新主要体现在以下方面。

（一）文化营销

文化营销是指把商品作为文化的载体，通过市场交换进入消费者的意识，在一定程度上反映了消费者对物质和精神追求的各种文化要素，是企业有意识地通过发现、甄别、创造某些价值观念，对目标消费者加以因势利导，从而实现企业目标的一种营销理念。文化营销创新点在于将对文化差异、不同文化发展的关注注入营销全过程，而消费者在消费过程中得到文化层面上的认可和尊重。

（二）知识营销

知识营销，即高度重视知识、信息和智力，凭知识和智力而不是凭经验在日益激烈的市场竞争中取胜。企业在营销过程中，其宣传、公关、产品等都注入一定的知识含量与文化内涵，通过向消费者传播新产品所包含的科学技术、文化知识以及知识对消费者生活的影响，提高他们的消费水平与生活质量，从而达到推广产品、树立形象、提升品牌力、激发消费者购买需求的目的。知识营销创新点在于以知识的传播、运用、增值为商品的一个组成部分,而消费者则得到更多的知识,能更有效地消费产品。

(三)绿色营销

在现代企业管理中,绿色营销概念得到了广泛的应用,许多现代管理企业将绿色营销概念融入管理理念中,创造一种绿色管理体制,从而促进企业管理的发展。但是只有更深入地理解绿色营销以及绿色营销对企业管理的意义,才能够在企业管理工作中更深入地运用绿色营销理念和方法,促进现代企业管理工作的开展。

1.绿色营销的含义

绿色营销是指企业在生产经营活动中注重生态保护,促进经济发展与环境保护的和谐共存,以满足消费者的绿色消费需求为中心和出发点,并将企业利益、消费者利益、环境利益结合起来,促进其和谐发展的一种营销理念。绿色营销要求企业在各种活动中体现绿色思想,生产方式要符合环保标准,经营方式满足绿色要求,企业管理也应该高效、绿色。企业在生产、营销、管理等工作中都应该注重绿色营销理念的体现。在生产中节约生产原料,加强废弃材料的回收利用;在营销中满足消费者绿色消费需求,降低污染;在管理中建立绿色管理体系,采用绿色、高效的管理办法,施行绿色节能、人性化的管理措施。

2.绿色营销的特点

绿色营销在现代企业中得到了广泛应用,这得益于绿色营销符合当代消费者对于绿色环保的要求,体现了可持续发展思想;并且,绿色营销概念与企业发展并不冲突,符合企业经济发展需求。绿色营销主要有以下几个特点:第一,兼顾性。兼顾性是指绿色营销能够做到将企业利益、消费者利益和环境保护三种看似矛盾的因素结合起来,即企业运用绿色营销的理念和方法,能够更好地做到满足消费者需求、企业发展以及环境保护的要求,促进三者协调发展,这是绿色营销得以发展和应用最主要的原因之一。第二,法律性。绿色营销在近年来已经有了更加具体的法律法规的约束,从法律角度保护消费者权益,企业有法可依,也能更好地进行管理体系的构建。第三,相互性。绿色营销并不只针对企业本身,对消费者也能产生影响,促进消费者自觉保护环境,提高环境保护意识;在企业管理方面,也能够促进员工自身的绿色环保思想的发展,更积极地配合企业管理工作,这种相互影响也能够促进相互进步,加快发展效率。

3.绿色营销在现代企业管理中的应用

①转变员工管理理念,建立绿色管理体系。绿色营销在现代企业管理中的应用首先就体现在对管理理念的影响方面。在传统管理理念中,许多管理者都忽视了员工的心理,只是一味采取看似高效的压榨型管理方式,但事实上这种管理方式不仅严重影响员工的心理发展,时间一长还会严重影响企业管理效率。因此,管理者应该转变管理理念。在绿色营销理念中,管理者对待员工也应该采取更加和谐的管理方式,通过一些更加有效的方法促使员工提高工作效率。用绿色管理方式既能提高员工的工作效率,同时也能够加强企业管理效率。通过对管理方式的逐渐改善形成绿色管理体系,在对员工、对生产经营的管理方面都能够提高管理效率,同时促进绿色发展。

②制订绿色营销策略。产品的生产营销管理也是企业管理工作中的重点,管理者的决策影响着实际的营销策略和营销效率。因此,企业的管理者应该树立绿色营销管理的理念,在制订营销策略时,以绿色营销思想为指导,实现绿色营销目标。管理者在应用过程中,应该厘清企业利益、消费者利益、环境保护之间的联系,分清利弊。首先,企业应该进行有效的市场调研工作,了解和分析市场绿色营销的现状以及消费者的思想观念。其次,企业应该制订合理的产品生产计划,对于产品原料、生产过程、生产数量等都要进行严格的控制,选择绿色环保的生产原料,采用更加科学、高效、降低污染的生产方式,同时根据实际需求进行产品生产,不要产生浪费情况。再次,企业在实际营销过程中也应该把握绿色营销理念,不要造成浪费和污染,用一些小技巧减少污染。例如,一些食品企业在干果类食品包装中装入垃圾袋,这种看似是没必要的细节,实际上却能够很大程度上减少消费者乱扔垃圾的现象。最后,企业可以采取一些绿色促销手段,通过一些绿色环保的渠道进行宣传工作,避免造成噪声污染、光污染等。企业通过绿色营销管理体系和绿色营销策略有效地进行企业的营销管理活动,能够促进对营销部门的高效管理。

③形成企业绿色管理文化。现代企业管理文化的形成与发展也是企业管理的重要工作,绿色营销在企业文化形成方面也有着重要的作用。企业通过绿色营销管理体系、绿色营销策略,能够让员工更深入地体会企业的发展理念。企业在绿色营销活动中取得的成果是企业管理文化中非常重要的组成部分,将这些管理理念、管理成果与企业的管理发展结合起来,就能逐渐在企业中形成绿色管理文化,这种文化内容能够作为企业发展进步的路标。企业绿色管理文化的发展不仅是企业管理理念的体现,更能够对员工产生

深入的影响，加深员工对企业的理解，增强其归属感；同时还能够促进企业发展方向的形成，坚定企业管理方式，进一步促进企业绿色管理的发展。

4.绿色营销对现代企业管理发展的意义

①实现可持续发展。企业要继续发展壮大，就必须直视一些企业管理问题，明确了解企业在发展过程中的一些不足。传统企业在环境保护方面有着巨大的不足，企业忽视环境保护尽管短时间内能够节约企业管理成本、促进企业经济发展，但是时间一长只会让企业陷入困境。因此，绿色营销的应用不仅是一种单纯的营销理念的转变，更是一种企业发展道路的改变。如果企业能够非常深入、有效地利用绿色营销理念，就能够真正实现企业管理发展与环境保护之间的和谐共存。通过这种和谐发展关系的建立，企业能够获得更加强大的发展动力，从而促进企业的可持续发展。

②增强企业竞争力。在产品销售方面，消费者对企业和产品的选择是从多方面考虑的，如价格、外观、实用性、环保性等。在价格、工艺都相近的许多同行业企业中，环保性能就成了消费者选择产品的一项重要指标，并且随着消费者对环保要求的提高，环保性能指标已经越来越重要。企业运用了绿色营销理念之后，就在环保性方面极大地提高了产品的竞争力。因此，绿色营销可以为企业获取更强的竞争力，通过这种营销方式的应用，将企业产品与其他企业的产品进行区分，能够更多地获得消费者的青睐，提高企业的竞争力。而在企业管理方面，应用了绿色营销理念的企业，管理必然更有效率，这也是增强企业竞争力的一种重要方式。

③树立企业正面形象。企业的形象来源于企业的理念、营销方式、管理方式等多个方面。在消费者方面，一个企业的形象主要来源于企业产品的营销方式，企业如果采用非常环保的营销方式，会在更多的消费者面前树立良好的形象，从一些细节之处极大地增加消费者对企业的好感度。另外，企业的宣传工作是否对消费者的生活造成了影响也是需要注意的，如果采用大张旗鼓、铺张浪费的宣传手段反而会引起很多消费者的反感，适当的绿色宣传能够树立企业更良好的形象。在企业管理方面，采用绿色高效、人性化的管理方式的企业能够受到更多员工的正面评价，不仅能够提高员工对企业的满意程度，更能提高员工工作效率，最重要的是能够对企业形成一种正面的宣传效果，吸引更多人才进入该企业。通过应用绿色营销方式，企业可以在多个层面树立自己的正面形象，促进企业的进一步发展。

（四）体验营销

体验式营销是通过看、听、用、参与等手段，刺激和调动消费者的感官、情感、思考、行动、关联等感性因素和理性因素的新型营销方式。体验式营销重新定义、设计营销的思考方式，突破传统上理性消费者的假设，认为消费者消费时理性与感性兼具，消费者在消费前、消费时、消费后的体验，才是研究消费者行为与企业品牌经营的关键。与传统营销相比，体验营销的创新点在于：传统营销更多专注于产品的特色与利益，体验营销则把焦点集中在消费者体验上，让消费者在消费过程中得到更深刻的体验，从而实现销售目的。

1.体验营销的产生背景

①体验经济时代的到来。所谓体验经济，是指企业以服务为中心，以商品为素材，为消费者创造出值得回忆的感受的一种经济形态。在这种经济形态下，体验产品的生产过程与消费过程相互融合，企业的目光转向从生活情境出发，塑造感官体验及思维认同，以此抓住消费者的注意力，改变消费行为，并为产品找到新的生存价值与空间。

②体验经济时代的消费需求与消费行为特征。消费需求的变化促使一个新的经济时代到来，而体验经济时代的到来又使得消费在观念、结构、内容、主体和额外关注等各个方面都发生了深刻而剧烈的变化。

消费观念：体验经济时代的消费者在消费观念上发生了质的转变，其需求是理性的，又是情感的；既需要实体产品的消费，又需要娱乐、刺激、感动和挑战等独特的、新奇的、切身的感受和体验。

消费结构：在消费结构上，体验经济时代的消费者情感需求的比重增加，抽象的"意义"融入了产品和服务之中，体验消费成为消费者实现情感和理想需求的一种重要形式。

消费内容：消费者在接受产品或服务时自我意识觉醒，非从众性日益增强。精神消费成为主要的消费内容，并影响着物质消费。

消费主体：从消费主体来看，消费的团体性增强了。消费在团体性与个性化这两个相互矛盾的概念中寻找平衡。

额外关注：除了对体验产品本身的偏好，体验经济时代的消费者的公益意识也融入了对产品的需求中。

③体验营销的必要性。随着体验经济的出现并逐渐居于经济生活的主导地位，体验

营销产生并成为社会中的主流营销模式是历史发展的必然。作为体验经济的一部分，体验营销是一种充满活力的营销模式，这种营销模式既可以和体验生产捆绑在一起进行，也可以单独作为一种营销模式来推进和运用。前瞻性地研究体验营销，对企业快速适应即将到来的体验经济意义重大。

2. 体验营销的理论解析

①体验营销的内涵。体验营销的核心理念是通过创造、引导并满足消费者的体验需求实现消费者价值，即以体验为桥梁真正实现所有消费者的理想和价值的过程。其实质是通过提高消费者价值来赢得消费者的满意和忠诚，最终实现企业的经营目标。

②体验营销的模式。基于美国学者对体验的定义，体验营销可以分为感官营销、情感营销、思考营销、行动营销、关联营销五种模式。

感官营销：感官营销的目标是营造一种环境，使消费者易于从感官上识别产品，形成初步的印象，或是通过视觉、听觉、触觉、味觉和嗅觉创造知觉体验，以满足审美体验为重点，引发消费者的购买动机和增加产品的附加值。

情感营销：与传统营销方式相比，情感营销是更人性化的营销，它以消费者内在的情感为诉求，致力于满足消费者的情感需要，通过触动消费者的内心情感，给消费者以兴奋、快乐的情感体验。

思考营销：思考营销的目标是以新颖的创意来引发消费者的好奇，启发其智力，进而产生兴趣和了解的欲望，并自发地对问题进行集中或分散的思考，创造性地让消费者获得认识和解决问题的体验。

行动营销：行动营销的目标在于影响消费者身体的有形体验、生活形态与互动。

关联营销：也被称为关系营销，是指通过感官、情感、思考和行动营销的综合，超越"增加个人体验"的感受，把个人与理想中的自我、他人和文化等更广泛的社会体系联系起来。

（五）节约营销

节约营销是生态营销、绿色营销的发展。建设节约型社会，要求以最少的资源消耗获得最大的经济和社会效益，保障经济社会可持续发展。因此，在生产和消费过程中，需要坚持用尽可能少的资源、能源，创造相同的财富甚至更多财富，最大限度地利用各种回收废弃物。这种节约要求企业必须彻底转变现行的经济增长方式，进行深入的技术革新。

1.目标的浪费：假、大、空

不切实际的目标设定也是一种浪费，会导致企业即使为此付出良多也最终无法实现，这种浪费是致命的。现在很多企业一成立就为自己定下了宏伟目标，而完全忽视企业本身的资源能力和当前行业竞争状况，企图短时间内就做大做强。这也正反映了企业管理者的浮躁和战略思想的不成熟，最终的结果是企业资源和社会资源的巨大浪费。

2.包装的浪费：过度和奢华

包装在营销中具有重要作用，是产品的重要组成部分，是促成销售十分关键的一环。很多企业在包装上费尽心机，包装越来越豪华，越来越奢侈，很多产品的包装价值远远超过了产品本身的价值。包装的浪费从一个侧面反映了当今营销的浮躁和不理性。

3.广告的浪费：盲目和疯狂

一位著名的广告人曾经说过："我的广告费一半都浪费了，但我不知道浪费到哪里去了。"这里的广告的浪费，是一种盲目和疯狂的浪费。盲目者，是不知道自己的目标群和目标市场之所在，不管三七二十一，天女散花式地投放广告，能捞多少是多少。疯狂者，是赌徒式地投放广告，或者广告铺天盖地，轮番轰炸；或者不惜血本，请个明星，拍几个广告宣传片，企图一蹴而就。虽然有的企业获得了成功，但更多的是失败。

4.促销的浪费：百促不厌，促而不销

促销的浪费主要表现在促销物料和促销活动上。由于没有一个合理的规划或执行得不到位，很多企业制作了大量的促销物料，但最后大部分都留在了仓库里。促销活动是为促销而促销，企业管理者只是突然觉得该促销了，于是促销就开始了，而且是一个促销活动接一个促销活动，"百促不厌"。没有弄清促销目的的促销当然不会有什么效果，最后成了"促销秀"了，"促而不销"。促销的浪费是企业营销的无奈和自我安慰。

营销的浪费当然不止这些，以上几例不过是管中窥豹而已。营销的浪费反映的正是当前浮躁、盲目、急功近利等不理性的企业心态，这是很多企业总是无法实现超越、做大做强的一个原因。面对越来越国际化的市场趋势、越来越激烈的市场竞争、越来越理性的消费者和市场、越来越注重产品竞争和资源优化的营销时代，企业必须重新审视营

销的未来，形成新的营销观念和理性营销心态，实现营销的全面改革，告别"浪费营销"，倡导"节约营销"，走入理性营销时代。那么什么是"节约营销"呢？"节约营销"的内涵是什么呢？节约营销的内涵有以下几方面。

①合理有效、可持续的战略规划和目标设定。企业营销的目的在于以各项资源的整合实现销售和利润的最大化及最优化。企业制订的规划、设定的目标必须搞清营销的本质，规划和目标绝不是画在纸上的蓝图，而是方向和行动指南，体现的是企业的决心和意识，因此必须有效合理，避免资源的浪费。规划和目标设定还必须是可持续的、连续的、渐进的，否则就将流于形式。

②资源的优化整合。整合营销的本质就是实现资源的最优化整合，从而实现营销价值的最大化。因此，企业在营销的每一环节必须考虑资源的最大利用，这也正是节约营销的本质要求。整合绝不是组合，组合只是实现"$1+1>2$"的效果，而整合实现的是倍数和倍速增长效应。如果说组合是加法营销，那么整合就是乘法营销。节约不是目的，节约是为了实现价值的最大化和最优化。资源优化整合的要义在于该用的一定要用，而且要用精、用好；不该用的坚决不用。

③树立科学的成本观。企业利润的两个来源，一个是销售，另一个就是成本控制。只有实现销售和成本控制的和谐统一，企业才能够实现利润的最大化。否则，利润的最大化只是一句空谈。成本控制绝不是简单地节约，成本控制应以销售和利润为导向，科学的成本概念应是让合理预算中的每一分钱都产生最大和最优价值。成本控制已成为当今市场竞争的主要手段，谁具备了成本优势，谁就有了制胜市场的利器。因此，树立科学的成本观是很多企业的当务之急。

④以简洁和理性的方式与消费者进行沟通。对消费者价值感受的不尊重也是一种营销浪费。营销就是沟通的艺术，广告和促销必须以消费者的价值感受为基础，忽视消费者需求和价值感受的沟通不仅毫无意义而且会适得其反。营销就是要使销售活动变得简单，否则营销策划就失去了意义。简洁和理性的沟通就是让消费者以最快的速度找到自己的真实需要，这才是营销沟通的真正意义。"节约营销"是对营销整合的提升和延展，是对"浪费营销"发起的"瘦身革命"，是对营销浮躁症的颠覆，是理性营销时代的深刻内涵。倡导"节约营销"是基于企业生命和发展的理性思考。

二、市场营销方法的创新

现代市场营销观念要求企业通过在营销方法上不断创新与突破，促进产品销售。

（一）关系营销

关系营销以系统的思想来分析企业的营销活动，认为企业营销活动是企业与消费者、竞争对手、供应商、销售商、政府机构和社会组织相互作用的过程，市场营销的核心是正确处理企业与这些个人和组织的关系。采用关系营销方法的企业进行营销活动，其重点是建立并维持与消费者的良好关系，使消费者得到更多的关注和尊重；促进企业合作，增加共同开发市场的机会；协调与政府的关系，创造良好的营销环境。

（二）网络营销

网络营销是企业通过互联网络开展营销活动的一种方法，包括网络调研、网络促销、网络分销、网络服务等。企业可通过互联网建立网站，传递商品信息，吸引网上消费者注意并在网上产生购买行为。网络营销可缩短生产与消费之间的距离，节省商品在流通中的诸多环节，降低耗费在整个产品供应链上的费用，缩短运作周期，扩大市场和经营规模。

（三）定制营销

定制营销是指企业在营销活动中，把每一个消费者都视为一个潜在的细分市场，针对每个消费者的个性化需求，为其"单独设计、量身定做"产品，从而最大限度地满足消费者需要的一种营销模式。

（四）事件营销

事件营销是通过或借助某一有重要影响的事件来强化营销、扩大市场的方法。开展事件营销的前提是充分抓好和利用某一有影响的事件,并把它与企业营销有机地结合起来,达到"借船过海、借风扬帆"的目的。

(五)互动营销

互动营销是企业针对消费者的个性需求,通过各种沟通技术与手段,把消费者当作伙伴与之充分互动,让他们参与产品的设计、改进、生产等活动中,建立起企业与消费者之间的互动关系,使企业能够为消费者的个性化需求提供个性化服务,使产品更容易被接受,从而缩短产品进入市场的时间,取得营销的成功。

(六)整合营销

整合营销是对传统营销组合的升华和理性化,使之形成体系。在新的形势和新的环境条件下,企业应大力推行新的营销观念和营销方法,激发创新意识,不断提高自己的竞争优势,使"新营销"向知识化、数字化、个性化、网络化、合作化、公益化、非价格趋势等方面不断地创新与发展。

第二章　市场营销环境管理

第一节　市场营销环境概述

市场营销环境的内容十分广泛且复杂。由于观点和角度不同,有的学者将市场营销环境分为五大类,即一般环境、策略环境、科技环境、国际环境和市场综合环境。美国营销学家杰罗姆·麦卡锡将其分为企业目标及资源环境、竞争环境、组织与技术环境、文化与社会环境。著名营销专家菲利普·科特勒则把市场营销环境概括为微观环境和宏观环境。以下主要从微观环境和宏观环境角度分析营销环境的构成。

一、市场营销环境的构成

(一)微观环境

市场营销环境中的微观环境指参与产品生产、销售和消费过程中的各种组织和个人,主要包括供应商、中间商、消费者等。

1.供应商

供应商所提供原材料等的质量,直接或间接影响到企业所生产产品的质量、性能、价格等。

2.企业自身

企业自身是指企业高层管理者、市场营销部门、其他职能部门及一般员工对营销活动产生的影响。另外,企业面对消费者的态度,会协助或妨碍企业营销活动的正常开展。所以企业必须采取积极措施,树立良好的企业形象,力求保持和消费者之间的良好关系。

3.消费者

消费者是企业营销活动的出发点和归属。企业的一切营销活动都应以满足消费者的需要为中心。因此消费者是企业最重要的微观环境因素。

4.竞争者

企业在目标市场进行营销活动的过程中,不可避免地会遇到竞争者。面对各种竞争者,企业必须在满足消费者需求方面比竞争者做得更好。

5.利益相关者

利益相关者是指在企业实现营销目标的过程中与之存在实际或潜在利害关系和影响力的团体或个人。

(二)宏观环境

1.经济环境

经济环境主要指一个国家或地区的消费者购买力、商品供给、商品价格、消费结构等。

2.人口环境

市场是由具有购买欲望和购买能力的人构成的,营销活动的最终对象也是人。人的需求是产生市场需求最根本的动因。因此,人口环境对产品营销活动开展有一定的影响。

3.自然环境

自然环境是指能够影响社会生产过程的自然因素，包括自然资源、企业所处地理位置、生态环境等。日益恶化的自然环境既可能成为企业发展的机遇，也可能是企业的潜在威胁。

4.政治法律环境

包括营销活动在内的所有企业活动都必然受到政治法律环境的强制约束。政治法律环境主要指国家或地区的政治体制、政治形势、政局态势、政府态度、方针政策、法律法规等。

5.科学技术环境

科学技术的发展对营销活动的影响是直接而显著的，它直接影响市场供求。新技术的出现增加了产品的市场供给，极大地刺激了消费者需求，促进消费品种增加，从而使消费结构发生根本性变化。

6.社会文化环境

社会文化环境是一个国家、地区的民族特征、价值观念、生活方式、风俗习惯、宗教信仰、伦理道德、教育水平、语言文字等的集合。

二、市场营销环境信息的收集

随着技术进步、全球市场一体化、消费者对服务需求的增长和电子商务的广泛应用，企业间的竞争日益激烈。面对快速变化的市场营销环境，信息已成为企业不可或缺的生产经营资源。为了及时处理大量的内部、外部信息，提高其处理质量，企业必须利用现代信息技术。营销信息系统作为连接企业和营销环境的纽带，对企业的决策和经营活动起着重要作用，也是提高企业核心竞争力的有力保证。

（一）市场营销信息系统概述

市场营销信息系统是由从事收集、整理、分析、评估、报告和分配营销信息的人员、设备和程序构成的一个系统。市场营销信息系统的功能是准确地向有关管理人员提供营销信息，以便其根据内外部环境的变化制订、执行、调整和评估市场营销计划和活动。市场营销信息系统的主要任务就是为营销决策和沟通提供必要的信息支持。具体地说，它有以下几项任务：第一，评估信息需求；第二，开发信息；第三，分析、解释与报告信息；第四，分送信息。

（二）市场营销信息系统运行管理的内容

市场营销信息系统的运行管理工作是系统研制工作的继续，主要包括日常运行的管理、对系统运行情况的记录、检查和评价。

1.市场营销信息系统的日常运行管理

信息系统的日常运行管理主要包括数据的录入管理；在保证基本数据的完整、及时和准确的前提下，完成理性的信息处理和信息服务工作；系统硬件的运行、维护；系统的安全管理。其中，数据录入管理主要包括：第一，数据的收集。信息的收集是企业营销信息系统的核心模块，直接决定着营销信息系统的质量和成效。第二，数据的校验工作。对于任何信息系统来说，最重要的资源是数据，一切硬件、软件及其他资源，都是为了保证数据的及时、完整和准确，整个信息系统的效率或者对外形象都依赖于它所保存的数据。因此，对数据的校验工作就显得尤为重要，这也是企业决策者在市场营销信息系统的运行管理中特别要注意的问题。第三，数据的录入。数据的录入工作比较简单，其要求是迅速和准确。

2.对系统运行情况的记录、检查和评价

在完成市场营销信息系统日常管理工作的同时，还应该对系统的工作情况进行详细的记录。记录的内容主要包括：一是有关工作数量的信息，如开机的时间、每周或每月提供的报表数量、录入的数据数量等；二是工作的效率，主要是评价为完成既定的工作任务所耗费的人力、物力和时间，如为了完成一次年度报表的编制所需要的成本，据此可以计算出市场营销信息系统的经济效益；三是系统所提供的信息服务的质量；四是系

统的维护与修改情况；五是系统的故障情况。

3.对系统运行情况的检查和评价

市场营销信息系统在其运行过程中，除了进行大量的管理和维护工作，还要定期对系统的运行状况进行审核和评价。对系统运行情况的评价主要从以下几个方面进行：一是系统是否达到预定的目标，目标是否需要修改；二是系统的适应性、安全性评价，这是系统的适应性包括系统运行是否稳定可靠、系统使用与维护是否方便、运行效率是否能够满足营销业务的要求；三是系统的经济效益评价。

（三）企业在掌握营销信息和建立市场营销信息系统过程中应注意的问题

市场营销信息系统由人、设备和程序组成，不同企业的信息系统的具体构成会有所不同，但基本框架相同，一般由若干子系统组成。与运行管理有关的子系统包括市场营销信息处理系统和情报检索系统。营销信息系统从交付使用开始，研制工作即告结束。系统进入试用阶段后，要对系统进行维护和管理，才能使信息系统真正发挥为管理者提供信息的作用。而所谓运行管理工作就是对信息系统的运行进行控制，记录其运行状态，并对其进行必要的修改和补充，以便使信息系统真正符合管理决策的需要，为管理决策者服务。

（1）营销信息的获得是需要成本的，而营销信息系统的建立更非一朝一夕就能完成的。为此，企业的管理人员必须高瞻远瞩，形成信息就是企业的生命的思想，广泛地收集完整有效的信息，并通过营销信息系统的处理，使之成为准确可靠的信息。在这里，收集和掌握营销信息只是企业信息化的初步阶段，最重要的是建立快速反应的营销信息系统。

（2）企业的销售人员无疑是企业与外部联系的纽带和桥梁，他们担当着为企业销售产品，与代理商建立长期稳定的合作关系，争取为企业带来长期利益和获得外部信息的重任。实际上，获得信息并初步地处理信息是销售人员的重要工作内容之一。这就要求销售人员具有良好的个人素质和工作能力，具有整体观念、全局观念。为此，企业必须充分重视对销售人员业务能力的培养，经常开展业务培训活动，使销售人员不断增强工作能力，成为销售产品、收集信息和初步处理信息的行家。

（3）企业市场营销信息系统可靠性差并缺乏决策支持功能。目前，一些企业虽然也使用了各种各样操作系统，如全流程一体化管理系统，但总体来说这些系统可靠性差，缺乏可操作性。电脑、数据库、网络等相关技术都只是工具，一个企业能否运用市场营销信息系统提高自身的竞争力，在很大程度上取决于如何应用这些技术。一些企业虽然配备了比较完备的公司网站、网上报销系统、工作计划与报告管理系统、网上订货系统、网上办公系统，但这些系统还没有真正运用起来，还没有打破某些职能部门之间的界限，信息还没有实现"一体化"，在为决策提供支持方面更是有待进一步加强。距离形成快速反应的市场营销信息系统还有很长的一段路要走。

（四）市场营销信息系统的分析研究

市场营销信息系统的分析研究是针对营销决策者的要求，主动或被动地采用信息定性处理和定量处理的方法，依据分析研究结果提出决策方案，供决策者决策参考的一种服务形式。营销信息的定性处理是将收集到的信息，按功能和隶属关系，整理成背景材料，交给具有一定理论水平和实践经验的人员进行面对面的讨论，最后得出具有倾向性的结论，间接作为决策方案以供参考。营销信息的定量处理是通过一定的测量方法采集大量信息，并进行数据处理，给出定量的信息分析研究的过程。其处理方法是把收集到的信息，按照其计量或者计数单位，按顺序依次排列，或按其大小次序分组。其目的是使已有数据有序化，同时也为图形化提供方便。

当然，市场营销信息系统的建立与应用是一项非常复杂的工程，需要细致的工作与长期的努力，需要多个不同职能的部门通力合作。企业的市场营销信息系统的主要功能就是向管理者提供迅速、准确、可解释的信息，减少信息资源的浪费，这对提高企业管理及营销决策的科学性、时效性和有效性有一定帮助，为充分了解竞争对手的最新动态，准确、及时地分析竞争环境，并做出合理决策提供了有力保障。同时，加强对市场营销信息系统的运行管理，可以使企业在激烈的市场竞争中始终立于不败之地。做好市场营销信息系统的运行管理工作是使企业决策者和其他各类人员认识到市场营销信息系统能够带来间接经济效益和社会效益的关键。

三、企业应对营销环境变化的方法

企业的发展存在优胜劣汰，企业内部的管理和营销的措施都直接影响着企业的生存和发展。市场营销环境的改变对于企业来说既是挑战也是机遇，可以淘汰掉没有发展潜力的企业，也可以改善市场营销的大环境，使企业之间的交易可以在透明、公正的环境下进行。所以，企业应抓住这个机会，提高自身的综合能力。

（一）应对市场营销微观环境变化采取的措施

1. 采取同步性措施

采取同步性措施要求企业面对其他企业的竞争时，如果本企业的发展已经处于领先地位，则应保持这种优胜；如果本企业的发展落后于竞争企业的发展，该企业则应该采取有效的措施来提高自己的地位。这种同步性措施可以使企业与其他企业保持在同等的水平，不会因为自身的出众而引来别人的攻击，也可以通过竞争来超越别的企业，激发企业的潜能。

2. 采取开发性措施

企业采取开发性措施来应对市场营销微观环境的变化时，可以有效地应对消费者的投诉问题。通过消费者反映出现有产品的情况，企业可以明确自己的不足，并采取有效的措施来弥补，这就为企业的发展提供了更多的机会。这种开发性措施，可以在微观上改变企业的发展结构，使企业在不断进步中更好地适应市场营销微观环境的变化。同时，要对消费者不满意的产品进行革新，或者开发出新的产品。在开发新产品的阶段中，如果需要投入大量的资金以及需要更高技术的人员来完成，企业应该在产品的开发阶段就把这些信息透露给消费者，提高消费者对产品的兴趣，也可以使消费者更加全面地了解产品，这是提高企业经济效益的重要措施。

3. 采取改变性措施

企业采取改变性措施应对市场营销微观环境的变化时，不可以放弃被市场淘汰产品的经营权，而是应该采取相应的改变措施。通过采取改变性措施来挽回产品在消费者心里的形象,以及恢复产品的销售情况,减少企业的损失。企业可以增加产品的宣传,适当开展一些促销活动,降低产品的价格。通过改变营销策略的方式,来提高产品的销售,同时可也保障企业的经济利益不受损害。

4.采取适应性措施

企业产品在销售过程中,一定会有不同经济水平的消费者来购买,这时就需要企业把产品的价格设置在不同的区间,从而满足大多数消费者的购买意愿。当然,这种营销的措施不适合企业的所有产品,有些产品的价格定位符合其本身价值,促销活动卖出较低的价格对于企业来说不会赢利,这种状况下适应性措施就不能被应用。

(二)应对市场营销宏观环境变化采取的措施

1.采取协调性措施

企业在应对市场营销大环境的变化时,可以采取协调性措施来适应这种变化。协调性措施要求企业利用自身潜在的能力,来化解市场营销环境变化给企业造成的影响。这种措施可以使企业的营销策略与市场需求保持一致,不会使企业因为无法适应大环境的变化而带来经济损失,同时使企业的产品销售保持在平衡的状态。协调性措施是非常灵活的,一旦使用不当会给企业带来相反的效果,不仅不能有效抵抗市场营销环境变化带来的影响,还会扰乱自身的营销策略。所以,在运用协调性措施时要做到:第一,保持企业原本的市场规模不变,确保营销的顺利进行;第二,从企业整体的发展情况分析,确保不会有明显的损失;第三,市场营销环境的改变,不会影响到企业长期发展的战略目标。只有做到这三点,才能使企业游刃有余地面对市场营销环境的变化,保持企业经济收入平稳增长。

2.采取抵制性措施

企业可以采取抵制性措施,来面对市场营销环境变化带来的考验。抵制性措施使企业可以有效地避免不利因素给企业发展带来的影响,给企业带来有效的保护。企业在采取抵制性措施时需要注意:第一,所有的维权行为一定要符合法律的要求,不能有违法乱纪现象的出现;第二,所有的维权行为要符合消费者的权益,不能在消费者中产生恶劣的影响;第三,所有的维权行为不能影响企业的正常经营。这三点是抵制性措施实行的基础，企业一定要按照相关的要求，去维护自己的权益不受侵害。

3.采取多元化措施

多元化措施要求企业在面对不利因素的影响时，对受威胁的产品采取暂时或永久停产的措施，也可以重新确定自己的市场营销策略，将资金投入有营销潜力的产品当中。通过这些多元化的营销措施，可以使企业在市场营销宏观环境改变的情况下，增加销售的途径和方法，保障产品的正常销售，避免给企业带来经济损失。

（三）企业要不断加强对产品的创新及提高服务水平

1.对核心产品的创新

对于企业来说，核心产品是给企业带来经济效益的重要产品。消费者的需求不断增加，原本的产品性能已经无法满足其需要，所以企业要对核心产品进行创新，稳固自己在市场中的地位。在创新的过程中，应该以高新技术为支持，在产品本身具有的性能的基础上，增加其他方面的性能，通过这种创新的形式，增强核心产品在市场中的竞争力。

2.创新产品的形式

目前，我国社会经济发展的速度非常迅速，人们的生活水平在不断提高。无论是科技产品还是日常生活必备的产品，淘汰的速度都很快，这就缩短了新产品在市场中销售的时间。因此，面对市场营销微观环境的变化，企业更应加快产品更新换代的速度，不断生产出可以满足消费者需求的高质量产品。另外，更新包装也是产品形式创新的一种，新的包装可以刺激消费者购买的心理。产品形式的创新也要结合产品的具体性能和实际价值，合理地选择包装材料，要做到包装环保。

3.产品性能的创新

很多企业生产的产品，都是在延续原本产品的性能，不能形成独立统一的性能创新体系，使产品的创新不能更好地满足消费者的需求。所以，企业要加大对产品性能的创新，然后加大对新产品性能的宣传力度，增加消费者对产品的兴趣，从而提高销量。同时，性能方面的创新能力，也可以体现出企业的实力，决定其在新的市场营销环境中的生存状态。企业要加大产品性能创新意识，积极借鉴成熟的技术，快速、高效地完成创新过程。

4.提高整体的服务水平

企业在创新产品的过程中，总是会受到成本的制约，想要在有限的资金支持下大力开展创新工作很有难度。所以，企业可以调整战略方向，把发展的重心放在提高服务水平和产品销售渠道的扩展方面，通过降低成本，刺激更多消费者的购买欲望，保留住企业的客源。近几年，餐饮行业在我国得到了迅速发展，但食品安全事故也时有发生，使得很多消费者失去了对餐饮企业的消费信任。为了改善这种状况，企业在加强管理的同时，也要增加与消费者的沟通和互动，把自己的服务落实到每一个细节。

在企业的发展过程中，会遇到很多困难和挑战，市场营销环境的变化也给企业的产品销售带来了很大的影响。企业在适应这种大环境的变化时，可以从宏观和微观两方面来应对，灵活多变地处理市场的变化。同时在采取策略解决企业经营的困难时，也要根据国家的相关要求，不可以出现违反法律规定的行为。市场营销环境的变化对于企业发展来说也起着推动的作用，通过市场大环境的淘汰可以使企业充分发现自身经营的不足。消费者对产品提出的意见，能够加大企业的创新力度，完善产品的性能，使企业创新的产品可以更好地满足消费者的需求，从而给企业带来更大的经济效益。

第二节 市场环境分析方法——SWOT分析法

一、SWOT分析法概述

市场环境是指经营活动所处的社会经济环境中企业不可控制的因素。任何组织的经营过程，实际上都是不断在其内部、外部环境及经营目标三者之间寻求动态平衡的过程。因此，应对比分析企业外部环境中存在的机会和威胁、内部的优势和劣势，以便充分发挥企业的优势，把握住外部的机会，避开内部的劣势和外部的威胁。最常用的内外部环境综合分析技术就是SWOT分析法。

SWOT分析方法是企业常用的一种战略分析方法，可以根据企业自身的条件进行分析，找出企业的优势、劣势及核心竞争力。其中，S代表strengthes（优势），W代表weaknesses（弱势），O代表opportunities（机会），T代表threats（威胁），S、W是内部因素，O、T是外部因素。

（一）SWOT模型的要素

1.机会与威胁分析

市场环境发展趋势分为两大类：一类表示环境威胁，另一类表示环境机会。环境威胁指的是环境中不利的发展趋势对企业所形成的挑战，如果不采取果断的战略行为，这种不利趋势将导致企业的竞争地位受到威胁。环境机会就是对企业行为富有吸引力的领域，在这一领域中，该企业拥有竞争优势。

2.优势与劣势分析

当两个企业处在同一市场或者他们都有能力向同一消费者群体提供产品和服务时，如果其中一个企业有更高的盈利率或盈利潜力，那么，这个企业比另外一个企业更具有竞争优势。竞争优势可以指消费者眼中的一个企业或它的产品有别于其竞争对手的任何优越的部分，它可以是产品的大小、质量、可靠性、适用性、风格和形象，也可以是服务的及时、态度的热情等。

在市场经济日益发达的今天，质量对一个企业来说越来越重要，产品质量的好坏是企业有没有核心竞争力的体现之一。提高产品质量是保证企业占有市场，从而能够持续经营的重要手段。一个企业想做大做强，在提高创新能力的基础上，还应该努力提高产品和服务的质量。企业团队以服务质量为中心，在保证产品质量的同时，做好售后服务，努力打造以保证产品质量和服务为目标的品牌形象。

企业文化能对企业整体和企业成员的价值及行为起引导作用，具体表现在两个方面：一是对企业成员个体的思想和行为起导向作用；二是对企业整体的价值取向和经营管理起导向作用。这是因为，一个企业的企业文化一旦形成，它就建立起了自身系统的价值观和规范标准，如果企业成员在价值和行为上的取向与企业文化的系统标准产生悖逆现象，企业文化会进行纠正并将其引导到企业的价值观和规范标准上来。在不同国家、民族和地区之间，文化之间的区别要比其他生理特征更为深刻，它决定着人们独特的生活方式和行为规范。文化环境不仅形成了人们日常行为的准则，也形成了不同国家和地区市场消费者态度和购买动机的取向模式。

（二）SWOT 分析矩阵

企业按照这种方法分析自身的优势和劣势，分析外界的机会和威胁，把市场环境分析结果归结为 SO、WO、ST、和 WT 四种战略，形成市场环境分析矩阵。

1.SO 战略

SO 战略是优势和机会的组合，具有杠杆效果。杠杆效果产生于内部优势与外部机会相互一致和适应时。在这种情况下，企业可以用自身内部优势撬起外部机会，使机会与优势充分结合并发挥出来。然而，机会往往是稍纵即逝的，企业必须敏锐地捕捉机会，把握时机，以寻求更大的发展。

2.WO 战略

WO 战略是劣势和机会的组合，具有抑制性。当环境提供的机会与企业内部资源优势不匹配，或者不能相互重叠时，企业的优势再大也将得不到发挥。在这种情况下，企业就需要提供和追加某种资源，以促进内部资源劣势向优势方面转化，从而迎合或适应外部机会。

3.ST 战略

ST 战略是优势和威胁的组合，具有脆弱性。当环境状况对公司优势构成威胁时，优势得不到充分发挥，出现优势不优的脆弱局面。在这种情况下，企业必须克服威胁，以发挥优势。

4.WT 战略

WT 战略是劣势和威胁的组合，具有问题性。当企业内部劣势与企业外部威胁相遇时，企业就面临着严峻挑战，如果处理不当，可能直接威胁到企业的生存。

二、SWOT 分析法应用案例

面对激烈的市场竞争，对某电信企业进行 SWOT 分析，也许能让人们对其未来的发展有一个清醒的、客观的认识。

（一）某电信企业的优势和劣势分析

1.某电信企业的优势分析

自 20 世纪 80 年代中期起，该电信企业经历了近 20 年的高速发展，已经形成了规模效益。尽管此间经历了邮电分营、政企分开、移动寻呼剥离、分拆重组等一系列改革，但在中国的电信业市场上，该电信企业仍具有较强的竞争和发展优势，主要表现在用户资源、网络基础设施、人才储备、服务质量等方面。

中国的电信市场引入竞争机制后,各运营商展开了激烈竞争。该电信企业南北分拆后,在保留原有大部分固定电话网和数据通信业务的同时,继承了绝大部分的用户资源、保持良好的客户关系,在市场上占据了绝对的优势。1.79亿的固定电话用户,1500多万的数据通信用户,为其发展业务、增加收入奠定了良好的基础。

该电信企业基础网络设施比较完善。改革开放以来,该企业已建成了覆盖全国,以光缆为主、卫星和微波为辅的高速率、大容量,具有一定规模、技术先进的基础传输网、接入网、交换网、数据通信网和智能网等。该企业的网络优势已经成为当前企业发展的核心能力,同时具备了向相关行业延伸的基础和实力。

该电信企业在发展过程中培养和储备了一大批了解本地市场、熟悉通信设备、能力较强的管理人才和专业人才。同时,还积累了大量丰富的运营管理经验,拥有长期积累的网络管理经验、良好的运营技能和较为完善的服务系统。

该电信企业成立了集团用户服务中心,为跨省市的集团用户解决进网需求;还建立了"一点受理、一站购齐"的服务体系,最大限度地方便用户;紧接着还推出了首问负责制,解决了企业在向用户提供服务过程中的相互扯皮、相互推诿的问题;另外,还设立了服务热线、投诉热线等,建立了与用户之间的沟通渠道,提供互动式服务。

2.该电信企业的劣势分析

该企业虽然拥有丰富的用户资源、完善的网络设施和大量的储备人才,但缺乏现代企业发展所必需的战略观念、创新观念,缺乏人力资源开发管理、人文环境建设及与其资源相适应的市场环境。目前,该电信企业的劣势主要表现在以下几个方面。

①企业战略管理与发展的矛盾。一方面,企业决策层只重视当前战略,忽视长远战略,湮没在日常经营性事务中,不能统观大局;另一方面,企业缺乏应对复杂多变环境的企业运作战略策划人才。这是当前企业实现持续发展、保持长久竞争优势的核心问题。

②企业内部创新与发展的矛盾。职能化业务流程、管理模式、组织模式已经呈现出与快速发展的不适应,并逐步成为制约企业参与全球化竞争的主要因素。管理和组织模式的改革创新以及企业特色人文环境的建设是实施企业发展战略应考虑的焦点问题。

③现有的基础设施不能为用户提供特色服务。该企业虽然拥有比较完善的网络基础设施,但这大都不是根据市场的实际需要建设的,而是为了满足普遍服务的需要。

④拆分让该企业降级成了区域性的电信企业。受到拆分影响,该企业的实力虽仍然很强,但是苦于没有全国网络,无法开展全国性的业务。

（二）该电信企业的机会和威胁分析

1.该电信企业的机会

我国国民经济的快速发展为我国的信息化建设和通信发展提供了前所未有的发展机遇，同时也为该电信企业提供了巨大的机会，主要表现在以下几方面。

①国民经济的持续快速发展，形成了潜力巨大的市场需求，为该企业提供了巨大的发展空间。

②信业法律法规不断健全完善，电信业进入依法管理的新阶段，为该电信企业的发展创造了公平、有序的竞争环境。

③政府大力推进国民经济和社会信息化，为该电信企业的发展创造了历史性的机会。"三大上网工程"（政府上网、企业上网、家庭上网）造就了我国消费能力强劲的信息产业市场。

④电信市场逐步对外开放，将加快该企业的国际化进程，有利于其经营管理、运作机制、人才培养与国际接轨。同时，可促使该电信企业借鉴国外公司的管理经验，积极地推进思维、技术、体制创新，提高产品档次，降低成本，完善服务，改进营销策略，增强核心竞争力。

⑤电信市场潜力巨大。我国经济发展不平衡，地区之间的差异等决定了电信需求的多层次和多样化。而通信技术的飞速发展，促使企业的网络升级换代和业务的推陈出新，该企业在开发新业务上潜力巨大。

2.该电信企业的威胁

正所谓机会与威胁同在，该电信企业在迎接巨大机遇的同时也将面临巨大的威胁，具体表现在以下几个方面。

①电信市场竞争格局由局部转向全面，由简单转向多元。在竞争趋势方面，国内市场竞争由价格竞争向核心能力创新竞争过渡。在过渡期间，该企业的市场份额将成为市场跟随者抢夺的重点。

②该电信企业人才流失较为严重。其他企业采用高薪、高福利等吸引该电信企业的人才，造成其人才严重流失，这一现象至今仍未得到解决。人才的流动是竞争的必然结果，是关系到企业生存和发展的关键问题。因此，如何体现人才价值、发挥人才潜能，是该电信企业必须正视的一个问题。

③非对称管制对该电信企业的影响。该电信企业在经营许可、互联互通、电信资费、电信普遍服务等方面受到相对严格的行业管制。在目前的电信市场上，管制的不平等已经制约了该电信企业的发展，在日趋激烈的电信市场竞争形势下，不尽快进行改革，该电信企业只有一"死"。

三、SWOT分析模型在战略形成中的应用研究

SWOT分析实际上是对企业内外部条件等各方面内容进行综合和概括，进而分析组织的优势和劣势、面临的机会和威胁的一种方法。SWOT分析法是一种最常用的企业内外部环境条件战略因素综合分析方法。

（一）优势与劣势分析

竞争优势是指一个企业超越其竞争对手的能力，这种能力有助于实现企业的主要目标——盈利。但值得注意的是，竞争优势并不一定完全体现在较高的盈利率上，因为有时企业更希望增加市场份额。

虽然竞争优势实际上指的是一个企业比其竞争对手拥有更强的综合优势，但是明确企业究竟在哪一个方面具有优势更有意义，因为只有这样，才可以扬长避短，或者以实击虚。

由于企业是一个整体，并且由于竞争优势来源的广泛性，所以在进行优劣势分析时必须从整个价值链的每个环节上，将企业与竞争对手做详细的对比。如产品是否新颖、制造工艺是否复杂、销售渠道是否畅通、价格是否具有竞争性等。如果一个企业在某一方面或某几个方面的优势正是该行业的企业应具备的成功关键要素，那么该企业的综合竞争优势也许就强一些。需要指出的是，衡量一个企业及其产品是否具有竞争优势，只能站在现有潜在消费者的角度上分析，而不能站在企业的角度上分析。

企业在维持竞争优势的过程中，必须清楚认识自身的能力，采取适当的措施。因为一个企业一旦在某一方面具有了竞争优势，势必会引起竞争对手的注意。一般来说，企业经过一段时期的努力，建立起某种竞争优势，然后就处于维持这种竞争优势的态势，

竞争对手开始逐渐做出反应。尔后，如果竞争对手直接进攻企业的优势所在，或采取其他更为有力的策略，就会使这种优势受到削弱。而影响企业竞争优势持续时间的，主要是三个关键因素：第一，建立这种优势要多长时间；第二，能够获得的优势有多大；第三，竞争对手做出有力反应需要多长时间。如果企业分析清楚了这三个因素，就会明确自己在建立和维持竞争优势中的地位了。

（二）机会与威胁分析

随着经济、社会、科技等诸多方面的迅速发展，特别是世界经济全球化、一体化进程的加快，建立了全球信息网络，使得消费需求更加多样化，企业所处的环境也变得更为开放和动荡。这种变化几乎对所有企业都产生了深刻的影响。正因如此，市场环境分析成为一种日益重要的企业职能。

对市场环境的分析也可以有不同的角度。比如，一种简明扼要的方法就是从政治（法律）的、经济的、社会文化的和技术的角度分析市场环境变化对本企业的影响。政治（法律）的角度：环境保护法、税法、劳动法、稳定性政策。经济的角度：经济周期、利率、货币供给、通货膨胀、失业率、可支配收入、能源供给、成本。社会文化的角度：收入分配统计、社会稳定、生活方式的变化、教育水平、消费水平。技术的角度：政府对研究的投入、政府和行业对技术的重视、新技术的发明和进展、技术传播的速度、折旧和报废速度。

迈克尔·波特提出了一种结构化的环境分析方法，有时也被称为"五力分析"。他选取的五种市场环境要素是：①潜在进入者的威胁。进入本行业有哪些壁垒？它们阻碍新进入者的作用有多大？本企业怎样确定自己的地位？②供货商的议价能力。供货商的品牌或价格特色、供货商的战略中本企业的地位、供货商之间的关系、在供货商之间转移的成本等，都影响企业与供货商的关系及其竞争优势。③买方的议价能力。本企业的部件或原材料产品占买方成本的比例，各买方之间是否有联合的危险，本企业与买方是否具有战略合作关系等。④替代品的威胁。替代品限定了公司产品的最高价。替代品对公司不仅有威胁，也可能带来机会。企业必须分析替代品给公司的产品或服务带来的是"灭顶之灾"，还是提供了更高的利润或价值；购买者转而购买替代品的转移成本；可以采取什么措施来降低成本或增加附加值来降低消费者购买替代品的风险？⑤现有竞争者的威胁。行业内竞争者的均衡程度、增长速度、固定成本比例、本行业产品或服务的差异化程度、退出壁垒等因素决定了一个行业内的竞争激烈程度。显然，最危险的环境是没有进入壁垒、存在替代品、价格由供货商或买方控制、行业内竞争激烈。

（三）SWOT分析模型在战略形成中的应用案例

某公司是一家中美合资企业，主要业务是装配及销售中小型压缩机和制冷机组。公司有大约60名员工，其中总经理为澳大利亚人，在中国居住已长达8年；市场销售部由1名总监、2名地区经理、5名销售工程师以及2名技术工程师组成。公司的客户主要是厂商及经销商，每位销售人员都要与直接客户或经销商打交道。为此，公司管理层召开管理会议，探讨下一步的工作重点。最后讨论得出的结果有多种，一种认为将团队组织架构及执行力作为主要考虑因素，认为公司的主要问题在于人力资源方面，管理层缺乏经验造成了部门员工的职责不清、责任感不强、战斗意志较弱等问题，所以加强员工组织建设应是首要工作。因此他们提出，公司在战略上首先要增加人力资源部门的人手，加强对销售队伍的管理；要建立强大的售后服务队伍，在得到客户反馈信息后及时反应；加强分销渠道管理，加强零配件库存管理，让管理层持股以强化激励机制。另一种则强调了保持品牌优势的必要性，从市场、管理和竞争三个方面进行考虑，并制定了相应的策略：首先是用三个月的时间进行人员培训和团队建设；其次是在主要城市开设办事处，办事处人员以内部培养为主，再利用一个月的时间制定经销商管理方案；最后用两个月时间进行竞争对手调查，成立专门针对中西部地区的技术支持小组。

该公司基于自身情况进行了SWOT分析，分析结果如下。

公司的强项：总体目标及战略清晰；产品线95%齐全；产品质量高，市场认可度高；价格战略被市场接受；库存齐全。

公司的弱项：缺少管理人员落实战略；管理人员缺少经验、能力；上海办事处尚无经理；此外技术工程师、销售人员不足；团队精神差，缺少沟通；职责不清楚，各自推卸责任；零配件不全，影响售后服务；经营网络、客户网络零散；宣传促销少，市场运作差；销售人员积极性差，工作不认真。

公司的机会：市场潜力大，国内经济状况好，卖方市场。

公司的威胁：竞争对手经销网络齐全，销售额理想；竞争对手市场宣传力度大，经常搞产品讲座及展会；竞争对手销售及服务队伍积极主动。

最后他们的结论是：公司首先要在北京、上海、广州三地召开大规模的产品发布会，并在杭州及广州各聘用一名技术工程师，在上海聘用一名技术工程师及一名销售经理；然后在北京、上海、广州三个重点区域发展 10 家经销商，再发展 8—10 家大厂商。

作为一种分析工具，SWOT 本身并没有实用价值，它的价值来自进行 SWOT 分析之后产生的结果，更来自随后对症下药式的解决方案。

第三节 购买者行为分析

随着社会的发展，现阶段我国居民的收入水平有了大幅度提高，消费者需求趋多样化、社会化、个性化、复杂化。应通过分析购买者的购买心理，有效地抓住和激发消费者的购买心理，成功地把产品推销给消费者，以促进消费。在销售的过程中，如果商家能够准确预测消费者的心理需求，就能够很顺利地与消费者完成交易，将商品推销出去。

一、消费者心理与购买动机分析

（一）消费者的心理特征

消费者的心理特征包括消费者年龄、性别、兴趣、消费习惯、价值观、性格、气质等方面的特征。

（二）消费者的心理过程

消费者的心理过程分为七个阶段：产生需求、形成购买动机、收集商品信息、做好购买准备、选择商品、使用商品、对商品使用的评价和反馈。

消费者心理同时受到消费环境、消费引导、消费者购物场所等多个方面因素的影响。商家往往会通过对消费者心理需求的分析和掌握，制定相应的营销策略。

（三）消费心理分析

根据需求寻找购买目标；心理感知欲购商品是否与需求相符合；诱发对预购商品的使用联想；与其他商品进行判定与比较；选择购买；购后体验与反馈。

（四）消费心理的基本概念

消费心理指消费者进行消费活动时所表现出的心理特征与心理活动的过程。

（五）公众的主要消费心理类型

1.从俗心理

从俗心理即入乡随俗，消费行为上的趋同心理，不同地区、不同城市会有不同的消费观念。

2.同步心理

同步心理即通常所说的攀比心理。相同的社会阶层，在消费行为上有相互学习、相互攀比的倾向。

3.求美心理

求美心理指人们在消费活动中追求美好事物的心理倾向，希望自己消费的每一件产品都是完美、实在的。

4.求名心理

求名心理指某些消费者（大都为有一定的经济基础的消费者）希望借助名牌商品提高自己的社会地位和知名度的心理倾向。

5.求异心理

求异心理是与从俗心理相反的一种心理现象，追求一种与社会流行不同、与时代相悖的消费倾向。

6.好奇心理

好奇心理指某些消费者对市场上不常见的产品的追求。

7.选价心理

选价心理指消费者在选择商品时，对价格的特殊关注。

这些心理类型并不分属于不同的人，而是不同程度地存在于每一个消费者的心中。当一种产品满足了消费者某一类心理需求时，就会诱发他的购买动机。

（六）消费者的购买动机

购买动机是指引起消费者购买行为的欲望或意念。这种购买欲望或意念是十分复杂、捉摸不透的心理活动。从其表现来看，可以将消费者的购买动机归纳为两大类。

1.理智动机

①适用。适用即求实心理，是理智动机的基本点，即立足于产品的最基本效用。在适用动机的驱使下，顾客偏重产品的技术性能，而对其外观、价格、品牌等的考虑则在其次。

②经济。经济即求廉心理，在其他条件大体相同的情况下，价格往往成为左右消费者取舍某种商品的关键因素。折扣券、大甩卖之所以能牵动千万人的心，就是因为求廉心理。

③可靠。消费者总是希望产品在规定的时间内能正常发挥其使用价值，可靠实质上是"经济"的延伸。名牌产品在激烈的市场竞争中具有优势，就是因为具有上乘的质量。所以，具有远见的企业总是在保证质量的前提下打开产品销路。

④安全。随着科学知识的普及和经济条件的改善，消费者对自我保护和环境保护意识增强，对产品安全性的考虑越来越多地成为消费者选购某一产品的动机。绿色产品具有十分广阔的前景，就是适合这一购买动机来促进销售。

⑤使用方便。省力、省事无疑是消费者的一种自然需求。产品，尤其是技术复杂的产品，使用快捷方便，将会更多地受到消费者的青睐。扫地机器人、蓝牙音箱等智能产品，正是迎合了消费者的这一购买动机。

⑥售后服务。产品质量好，是一个整体形象。对多数消费者而言，花不小一笔积蓄

购买高档耐用消费品,即使购买的享誉世界的名牌产品也不能完全消除心理上的紧张感。因而,有无良好的售后服务往往成为左右消费者购买行为的重要因素。为此,提供详尽的说明书,进行现场指导,及时提供免费维修,实行产品质量保险等都成为企业争夺消费者的手段。

2. 感情动机

①好奇心理。好奇是一种普遍的社会现象,没有有无之分,只有程度之别。一些人专门追求新奇,赶时髦,总是充当先锋消费者,至于是否经济实惠,他们一般不大考虑,诸如魔方、跳跳糖、盲盒、电动牙具等能在市场上风靡一时就是迎合了人们这一心理。

②炫耀心理。炫耀心理多见于功成名就的高收入阶层,也见于其他收入阶层中的少数人。在他们看来,购物不光是适用、适中,还要表现个人的财力和欣赏水平。他们是消费者中的尖端消费群。购买倾向于高档化、名贵化、复古化,高级轿车、名牌手表等的生产正是迎合了这一心理。

③攀比心理。攀比,社会学家称之为"比照集团行为"。有这种行为的人,照搬他希望跻身其中的那个社会集团的习惯和生活方式。人家有的东西自己没有,就不舒服,不管是否需要,是否划算,都要购买。

④从众心理。作为社会的人,总是生活在一定的社会圈子中,有一种希望与他应归属的圈子同步的趋向,不愿突出,也不想落伍。受这种心理支配的消费者构成随消费者群。这是一个相当大的消费者群体。研究表明,当某种耐用消费品的家庭拥有率达到40%后,将会产生该消费品的消费热潮。

⑤崇外心理。一些人盲目崇拜外国货,只要是舶来品就买。有的企业其产品虽然在国内销售,但在产品或包装上全用外文,或者只用拼音字母而不标注一个汉字,就是利用这种崇外心理。

(七)消费心理在各类人群及各年龄段的表现

中国人民大学舆论研究所参与完成的调查统计显示,各类人群及各年龄段有如下心理特点。

1. 少年的消费心理

少年人追求时尚与新颖,追求个性,善于表现自我,注重感情,具有容易冲动的消费心理。

2.中年人的消费心理

由于中年人心智已成熟,所以讲究计划性,又有理智性、注重实用性的心理特征。

3.老年人的消费心理

许多老年人经历过艰难困苦的生活环境,因此至今保留着艰苦朴素的生活作风,喜欢追求物美价廉的产品,具有追求实惠的消费心理。

(八)消费者职业和身份特征的分析

一般来说,大专以上学历的消费者消费比较大方,而高中文化程度及以下的群体消费比较节省。花钱最节省的要数离、退休人员,其次是农民、军人、企业职工、科教文卫人员。花钱相对最不节省的是私营业主、个体劳动者、企业管理人员、高校学生。

(九)当代消费者心理变化特征

当今企业正面临前所未有的激烈竞争,市场正由卖方市场向买方市场转变,消费者主导的营销时代已经来临。在买方市场上,消费者将面对更为纷繁复杂的产品和品牌选择,这一变化使当代消费者心理与以往相比,呈现出新的特点。

1.个性消费的复归

之所以称为"复归",是因为在过去相当长的一个历史时期内,工商业都是将消费者作为单独个体进行服务的。在这一时期内,个性消费是主流。只是到了近代,工业化和标准化的生产方式才使消费者的个性被淹没于大量低成本、单一化的产品洪流之中。另外,在短缺经济或近乎垄断的市场中,消费者可以挑选的产品本来就很少,个性因而不得不被压抑。但当消费品市场发展到今天,多数产品无论在数量上还是品种上都已极为丰富,现实条件已初步具备。消费者能够以个人心理愿望为基础挑选和购买产品或服务。更进一步,他们不仅能做出选择,而且还渴望选择。他们的需求更多了,变化也更多了。逐渐地,消费者开始形成自己的准则,他们不惧怕向商家提出要求,这在过去是不可想象的。用精神分析学派的观点解释,消费者所选择的已不单是商品的使用价值,而且还包括其他的"延伸物",这些"延伸物"及其组合可能各不相同。因而从理论上看,没有一个消费者的心理是完全一样的,每一个消费者都是一个细分市场。心理上的认同感已成为消费者做出购买品牌和产品决策时的先决条件,个性化消费正在也必将再度成为消费的主流。

2.消费主动性增强

在社会分工日益细化和专业化的趋势下,即使在许多日常生活用品的购买中,大多数消费者也缺乏足够的专业知识对产品进行鉴别和评估,但他们对于获取与产品有关的信息和知识的心理需求却并未因此消失,反而日益增强。这是因为消费者对购买的风险感知随选择的增多而上升,而且对单向的"填鸭式"营销感到厌倦和不信任。尤其在一些大件耐用消费品的购买上,消费者会主动通过各种可能的途径获取与产品有关的信息并进行分析比较。这些分析也许不够充分和准确,但消费者却可从中获得心理上的平衡,降低风险感和购后产生后悔的可能性,增加对产品的信任和争取心理上的满足感。消费主动性的增强来源于现代社会不确定性的增加和人类追求心理稳定和平衡的欲望,而且人天生就有很强的求知欲。

3.对购物方便性的需求与对购物乐趣的追求并存

一部分工作压力较大、紧张度高的消费者会以购物的方便性为目标,追求时间和劳动成本的尽量节省。特别是对于需求和品牌选择都相对稳定的日常消费品,这点尤为突出。然而另一些消费者则恰恰相反,由于劳动生产率的提高,人们可供支配的时间增加。一些消费者希望通过购物来进行休闲,寻求生活的乐趣,保持与社会的联系,减少心理的孤单感。他们愿意花大量的时间和体力来进行购物,前提是购物能给他们带来乐趣。因此,这两种心理将是今后较长时间里企业要考虑的消费心理。

二、购买行为分析案例:以购买非处方药为例

随着新的医疗保险办法的实施,药品分类管理办法的出台,非处方药品目录的公布,病人自主治疗意愿的增加,大量零售药店出现了。消费者从公开渠道购买非处方药物的

机会大大增加,药品零售额快速增长,非处方药市场充满机遇。越来越多的制药企业进入零售市场,希望通过广告和促销,建立自己的非处方药品牌,获得经济效益。在这一领域获得成功的关键是企业直接向消费者进行营销的能力,即制定有效的非处方药市场营销策略并付诸实施的能力。而市场营销策略的制定,必须建立在充分研究消费者市场和消费者行为的基础之上。消费者市场需要研究谁是购买者、购买对象、购买目的、购买行为、购买时间和购买地点。购买者行为需要研究购买者行为受哪些因素影响,消费者是怎样做出决策的。

(一)非处方药消费者市场

非处方药的消费者市场要研究的内容包括以下方面。

1.非处方药的购买者

非处方药的概念和特点决定了其购买者是成年人。成年人有一定的疾病判断能力,能较为准确地判断病的类别和病情的程度,有一定的药品使用经验;有一定的经济来源,可以支付药品费用;文化程度高和医疗保健意识更强;工作节奏快。

2.消费者购买的非处方药种类

消费者购买非处方药因治疗的疾病类别不同,药品的生产企业、品牌、价位、剂型、包装等的不同而存在区别,还受药品是否进入医疗保险报销目录的影响。消费者对一个产品的了解一般有三个方面:有关产品属性和特征的知识,使用产品的积极结果或收益,有助于消费者满意或达到目的的产品价值。消费者对非处方药的认识也一样,这三方面知识的结合形成了他们对非处方药的认识。非处方药的产品属性:包装外观、说明书、药品外观及开启的方便性、服用方便性、口感等。非处方药的产品利益:疗效、副作用、起效速度及安全性等。非处方药产品价值满足:品牌地位、是否进入医疗保险目录等。调查显示,当消费者经常使用的某种疗效不错的公费药变为自费药时,享受公费医疗的消费者中有近一半的人会从公费药中寻找替代药,而不会再自费购买这种药,只有近13%的消费者会自费购买这种药。目前的非处方药尚未受到公费报销的限制,公费报销品种目录中有不少是非处方药。研究表明,有三分之二的非处方药是消费者通过医生处方开出的,从而能获得医疗保险的补偿。

3.消费者的购买原因

大部分的消费者表示他们去药店购买非处方药最主要的原因是认为自己得了小毛病，能够察觉症状并且判断用药缓解的程度。所以使用非处方药是消费者治疗日常小病最常用的方法，其使用非处方药对自身患有一些常见的、轻微的病症进行自我治疗，大大节省了他们去医院排队看病、等待治疗的时间。同时，非处方药的市场销售价格比处方药便宜，消费者可以节约费用。

4.消费者的购买时机

非处方药购买方便，无须医生处方就可以很方便地在药店购买。非处方药一般质量稳定，保质期基本在两年以上，用于治疗常见病、多发病，购买量大的话也不必担心过期、变质，所以非处方药的消费者一般在有疾病发生时去购买，或者在方便时购药备用。

5.消费者的购买地点

购买非处方药可以去医院、药店。医院和药店又分为医疗保险定点的医院和药店或者未定点的医院和药店；连锁药店或非连锁药店；有品牌的、服务好的药店或普通的药店；平价药店；社区的药店等。对于享受医疗报销的消费者来说，他们必然选择医疗保险定点的医院或药店购买医疗保险目录中的非处方药。关注价格的消费者或者购买长期用药的消费者宁愿去平价药店。医院附近的药店能得到更多的外配处方。注重药品质量的消费者更愿意去大型的连锁药店买药，因为药品质量有保证。

（二）非处方药消费者购买行为影响因素

1.文化因素

随着文化水平的提高和保健意识的增强，消费者对疾病预防和身体保健逐渐重视起来，对补充维生素、增强免疫功能、防病强身、改善生活质量的非处方药的消费支出增加了。现在的女性消费者更舍得购买减肥和养颜的非处方药产品。

2.社会因素

消费者购买非处方药的行为受到一系列社会因素的影响，如消费者在相关群体、家庭和社会角色与地位。一些消费者会因为角色和地位因素，在选择非处方药时考虑品牌和药品档次。儿童和青少年的非处方药消费主要受父母的影响，因为父母更有经验，他们从父母身上可以学习到一些常见病的诊断和治疗方法，这将影响儿童和青少年在成年后的非处方药消费观念。白领阶层在选购非处方药时，更倾向于知名品牌和声誉好企业的产品。

3.个人因素

消费者非处方药购买决策也受其个人因素的影响，如消费者对自己的病情变化的感知、对品牌特征的感知、对其他备选品牌的态度，特别是受消费者个人年龄层、职业、经济环境、生活方式、个性和自我概念的影响。对病情判断力强的人购买非处方药的可能性更大些，自我保健和自我药疗意识强的人、工作节奏快的人、不享受医疗费用报销的人去药店购药的次数更多。许多慢性病患者如高血压、慢性胃炎、糖尿病病人等需要长期服药，这些患者在经过几次医生诊治后，了解自己的病情，知道该用什么药，可能会直接去零售药店买药。

4.传统因素

我国消费者受传统中医药文化的影响，普遍认为中药的副作用小，许多中药在预防和保健方面作用显著，比西药更安全，在一些慢性病的治疗方面可能比西药更有效，可以从根本上治疗疾病。一般的家庭中都会备有三七伤药片、红花油、健胃消食片等一些中成药。但在起效速度方面，消费者普遍认为西药比中药见效快。

（三）非处方药消费者决策

营销人员必须识别谁做出的购买决定，并分析其做出购买决定的因素、其他人的介入程度等，确定消费者属于哪一种购买者类型。

1.购买者的角色

①发起者。即患者，包括儿童、老人在内。
②影响者。家人、朋友、医生、药店店员、广告代言人等。
③决策者。指在是否买、为何买、如何买、在哪里买等方面做出完全的或部分的最后决策的人。
④购买者。实际采购人。

⑤使用者。实际消费产品的人。

需要注意的是儿童药品的消费者是儿童,决策者和购买者一般是父母。家庭中,妻子可能帮助丈夫购买保健的非处方药。

2.购买的行为

和处方药相比,非处方药具有安全性高、疗效确定、质量稳定、使用方便等特点,所以购买决策过程相对简单,购买特征与其他日常消费品类似。但因为同一治疗类别的非处方药品牌众多,产品差异较大,表现在功效、价格、包装、公司声誉上的不同,因此,消费者会产生多样化的购买行为。

(四)非处方药购买过程

非处方药购买过程由几个步骤组成:问题认识、信息收集、对非处方药的评价、购买决策和购后行为。

1.问题认识

引起消费者购买非处方药的环境:可能是疾病发作,产生不适的症状;或者疾病多发季节即将到来,提前考虑购买非处方药,如夏季来临,购买治疗蚊虫叮咬的非处方药;或者受购药环境的影响,如设在超市药店的产品展示,药店的促销活动等会引起非计划购买行为发生。

2.信息收集

非处方药消费者信息来源有四种:个人来源,如家庭、朋友、邻居和熟人;商业来源,如广告、推销员、经销商、包装、陈列;公共来源,如大众传播媒体、消费者评审组织;经验来源,如使用过的产品。这些信息来源有营销人员可以控制的和不能控制的,有来自个人的和非个人的。另外,医生、店员、消费者、家人、朋友都可以传递非处方药信息,所以在营销策划中要重视他们的作用。

3.对非处方药的评价

对非处方药的评价包括几个因素:功效、安全性、服用方便性、价格、包装、企业声誉等。消费者对综合评价高的品牌的购买意图强。

某公司消费者购药行为调查研究结果显示，80%的消费者在购买非处方药前有明确的品牌倾向。非处方药多为治疗一般疾病的常备药品，如感冒药、止痛药、肠胃药等，这些药品一般在生产技术上都比较成熟，不具有专利技术方面的竞争优势；而正因为技术工艺简单，使得此类药品的生产厂家众多，市场上同一种非处方药往往具有多个品牌，市场竞争异常激烈。因为消费者不具备辨别药品内在品质的能力，所以代表产品品质和信念的品牌成为影响消费者购买非处方药的主要因素。在购买决策形成前，消费者倾向于搜寻产品信息，所以用一种品牌促销来改变他们的购买决策相对容易。成功的非处方药销售必须用消费品的营销手段建立产品品牌和促进产品销售。鉴于品牌对非处方药评价的重要性，因此除了医生意见和自身经验，广告实际上成为消费者了解药品的重要途径和影响人们购买决策的重要因素。

4.购买决策

消费者在评价阶段可能形成某种购买意图而偏向购买自己喜爱的品牌，然而在购买意图与购买决策之间，可能受到他人的态度影响和未预期到的情况影响。专业人士具有左右消费者非处方药购买决策的能力。尽管无须医生处方，消费者即可在药店购买非处方药，但是药品毕竟是用来治病救人的，并且药品知识的专业性较强，还不是一种普及性知识，所以消费者在购买和使用非处方药时，十分关注医生、药剂师等专业人士的意见。根据某医疗保健咨询公司最近的一份调查，约有50%的病人根据医生的建议使用非处方药。医生给病人的非处方药样品也起着重要作用，有35%的病人在过去一年接受过样品，并且其中约50%的病人称他们自己会购买同样的药品。店员与消费者进行交流是一个重要的市场营销策略。有调查结果表明，除了电视广告，药店店员对消费者购药的影响大于其他各种广告媒体。值得注意的是，一旦店员向消费者推荐某种非处方药时，有74%的消费者会接受店员的意见，这表明在非处方药消费中店员能起到很大的作用。特别需要指出的是，在明确具体品牌的消费者中，当店员向他推荐其他品牌药品时，66%的消费者改变了主意，接受了店员的意见。

5.购后行为

非处方药都有很详细的使用说明书，消费者按照说明书就可以很方便地使用。而使用效果是否满意，是否有不良反应发生，首先取决于消费者对该药品的选择是否对症。如果购买的非处方药不对症，治疗效果必然大打折扣，还可能产生不良反应；如果药品选择对症，然后看产品本身的功效和不良反应，疗效是否好，起效是否快，且是否有不良反应等。消费者如果使用某非处方药药品后满意，必然强化他的产品信念，会产生下次的购买行为。他们往往会记下药品名称，或者直接拿着药品包装盒，指名购买同样的产品。国家规定非处方药使用说明书上要注明制药商的联系电话，目的在于使生产企业及时得到不良反应的信息，这也是制药商提高售后服务质量的主要途径。

总之，非处方药市场营销者只有在了解消费者行为的基础上，制定出使目标消费者的需求得到满足的营销策略，才有市场成功开发的可能。

第三章 市场营销中的市场调研管理

第一节 市场调研概述

对大多数企业来说,在制订新的营销策略时起着非常关键的先导性作用的就是市场调研。市场调研是一种通过特定信息将消费者(顾客、客户和公众)与营销者(生产商、销售商)联系起来的手段。

一、市场调研在营销中的作用和意义

"没有调查,就没有发言权",这句话说明了市场调研的重要性。"凡事预则立,不预则废",也说明了市场调研的重要性。在市场调研中,基本包含了市场营销的全过程,包括市场营销调研目标与功能、调研方法、调研机构、调研控制、资料整理与分析、销售预测等。市场调研的作用和意义表现在以下几个方面。

(一)企业开发新产品、开拓新市场的需要

在日益激烈的社会竞争中,企业要想生存和发展,就需要不断地开发出新的产品,

开拓新的市场,为自己的产品和服务创造更多的推广与销售机会。这就需要对消费者进行调研,掌握消费者的偏好、消费者的需求、消费者偏好的变化及消费趋向、期望的产品价值等。企业根据市场调研的情况,设计出满足消费者需求的产品,根据这些来制订营销计划,使企业的营销再次出现新的高潮。

(二)提高企业的竞争能力要求进行市场调研

企业要在竞争中处于有利的地位,归根结底就是要及时掌握有效的信息。要想获取最新的信息,并及时地掌握市场动态,就需要进行市场调研。"我们始终坚持不懈地致力于开发消费者自身及对其需求的深度理解,并将其转化为我们的竞争优势"是某公司的成功秘诀之一。要想获得信息资源,对于流动性不强的企业来说,就必须依赖于市场调研。

(三)进行市场调研有助于对产品品质和消费者满意度的跟踪

消费者的满意度是企业成功占领市场的前提。要想提高消费者的满意度,留住目标消费者,增加企业的收益,就要有优质的产品质量。企业需要通过市场调研来获取产品质量和消费者满意度的相关信息。通过市场调研,企业可以了解消费者的真正需求,更加客观、准确地判断产品的质量,了解客户偏好哪些类型和形式的产品,据此作为企业决策的依据。

二、我国一些企业市场调研的现状

(一)缺乏市场调研理念

我国一些企业在做营销决策时,自身缺乏市场调研理念,不调查现有的市场情况,而是凭借多年的经验,对市场进行直观、感性的判断。

（二）传统的数据收集方法、分析方法落后

现如今，人们的生活、学习、工作等，都与互联网密切相关。可是我国多数的市场调研公司，在进行市场调研时仍然是通过传统的方法收集数据，并没有利用互联网的优势开展此项工作。

（三）缺乏专业人才

目前，很多本科以上学历的统计学、社会学、市场营销等专业的人员，毕业后进入了市场调研与研究机构。但是这些人员工作时间短，经验欠缺，导致企业缺乏业内的权威人士。而市场调研与业务研究具有高度专业性，进入的技术障碍较高，因此专业人才的缺乏成为制约该行业发展的重要因素。

三、营销决策中市场调研的应用

（一）规范市场调研的步骤

市场调研的步骤总结为不可分割的四个阶段，即准备、收集资料、分析和总结。这四个阶段具有渐进性。市场调研的准备阶段是开展市场调研工作的前提，需要确定调研的任务、设计调研的方案、组建调研的队伍等。前期的准备工作是进入市场调研的决策、设计、筹划阶段。运用科学的方法系统地收集被调研对象的信息是市场调研收集资料阶段最主要的任务，市场调研活动中最为重要、投入较大的阶段即收集资料的阶段。收集资料是进入分析阶段的前提。将市场收集资料阶段取得的资料进行鉴别与整理，并统计和分析出整理后的市场资料，做出理论研究，是分析阶段的主要任务。规范市场调研的步骤的最后一个阶段就是总结阶段，撰写市场调研报告、总结调研工作、评估调研结果等就是主要任务。

（二）产品生命周期的市场调研

在产品开发阶段，企业可以利用市场调研的方法来挖掘各种新产品和创意，从内部、外部建立起产品创意库，给每个充满创意的产品进行评价，及时将真正有前途的新的想法形成产品。在产品引进期，需要按目标消费者的需求进行市场调研来确定广告媒体、广告内容和广告策略，使产品尽快得到目标消费者的接受，打开市场。在产品的增长期，需要调研竞争对手，包括竞争对手的产品调研、竞争对手的价格调研、竞争对手的销售渠道调研、竞争对手弱点和相对优势的分析，从而选择正确的营销策略。在产品成熟期，可采取调整营销策略、市场等，以提升市场竞争力。因此，对潜在竞争对手现状的调研和发展趋势的调研，可以获得明确的威胁和面临挑战的信息，进而形成产品的发展方向、产业参与等准确的决策，未雨绸缪。在产品衰退期，企业可以决定产品适时退出市场，对市场上现有产品进行调研，并设计替代原有产品或开发新产品，以保持企业的可持续发展。

（三）产品、价格、渠道策略中的市场调研

企业要真正地了解产品的特性和消费者的消费需求，就要对产品的品质、造型、包装、服务等进行全面的市场调查和研究，以市场信息为依据，进行产品的定位。关于价格的调研，大多数的企业通过发放问卷的方式在市场上调查，来了解消费者对产品价格的接受度以及了解消费者心目中的理想价格。也有部分企业让消费者选择多个测试样品，即将市场上的主要品牌和不同价格水平的产品组合为多个测试样品，以此模拟价格发生变动对消费者的品牌取向产生何种影响，这就是市场调研中采用的实验法。渠道调研是通过调研产品自身、调研市场、调研消费者的购买行为、调研企业自身等诸多信息，将这些信息收集起来，和之前调研产品的品质定位、价格等综合起来，增加中间商的因素，即深入调研企业与中间商合作可能性、所付费用、中间商能够提供的服务等，在此基础上选择出正确的营销渠道。

（四）促销策略中的市场调研

在整个营销活动中，企业达成营销目标最有效的策略之一就是促销，这是在营销活

动中非常重要的一个环节。企业在促销上要花费大量经费，而且促销的方式多种多样，但不能盲目地进行促销。像广告、公共关系、人员推销等都是常见的主要的促销方式。企业要实施有效的促销推广活动，就要通过市场调研的方式，对市场、消费者、竞争对手等情况以及促销的结果进行把握，以便营销决策者对促销方式做出正确的决策。

由于市场调研的运用，营销决策者在营销决策中有了可靠的依据，从而为科学决策提供了保证。但是，由于在调研过程中抽样误差和非抽样误差的存在，调研结果难免会出现误差；因此，调研不能给出准确的决策方案，只能为决策者提供营销决策所需要的信息。

第二节　市场调研方案策划

规划设计一个调研方案，应当围绕调研项目的基本要求确定调研目标、资料收集的类型及方法、调研的范围与对象、资料的处理方法、组织安排计划等。进行市场调研方案策划可以参照以下步骤。

一、确定市场调研项目的主题

调研公司接受了委托项目之后，需要根据委托方的要求，进行市场调研和预测，提供企业所需的各类数据、资料、情报、信息，为企业的经营服务。接受了委托调研项目的调研公司，成立项目组，指定项目经理，负责组织实施这项调研任务。在项目经理的带领下，项目组着手策划并实施市场调研工作。

（一）与委托方接洽，明确调研意图

项目经理首先要与委托方接洽，了解委托方的意图，明确这次调研的目的与任务，策划市场调研的方案，并付诸实施。项目经理可以约见委托方的负责人员（可能是企业经理、营销经理等），了解委托方的一些情况，咨询其对调研项目的调研意图和基本要求，了解企业决策者在企业经营管理中面临的问题。市场调研与预测问题受企业经营管理中遇到问题的影响和制约，没有透彻理解委托方意图就策划完成的调研方案，不是一个好的方案。

（二）收集资料，分析问题的背景

项目组必须考虑"什么信息是需要的，如何获取这些信息"等问题，从而使调研工作能够实现委托方的意图。项目经理可以召集项目组成员共同商议确定项目调研的有关问题，收集相关资料，了解项目的市场背景。

项目经理在会议上安排项目组成员查阅委托方提供的资料、检索相关网站，收集并整理委托方资料、产品市场资料、消费者资料。这些资料的获取，使项目组对市场可以有基本的了解，对委托方企业的经营状况及实力有进一步的了解，这些都非常有助于项目组准确把握调研意图，明确调研目标。一般情况下，为了明确哪些信息是调研所需要的，调研人员就要掌握与委托方企业和所属行业相关的各种历史资料和发展趋势，包括销售额、市场份额、盈利性、技术、人口统计、生活方式等。当一个企业的销售额与整个行业的销售额同时下降，或企业的销售额下降而行业的销售额上升时，所反映的问题是截然不同的。此外，调研人员还要掌握与分析委托方企业的各种资源和面临的制约要素，如资金、研究技能、费用、时间等。同时要了解消费者的购买行为、法律环境、经济环境、文化环境，以及委托方企业开展市场营销的技术，企业的人员、组织结构、文化、决策风格等。

（三）确定市场调研的主题

项目组长召开项目组第二次会议，继续商讨项目的市场调研方案。在清楚了委托方的调研意图、项目面对的市场基本情况以后，可以讨论调研的目标。

市场调研项目的目标应当遵循两个规则：一是能使调研获得经营管理决策者所需的全部信息，二是能指导项目组开展调研与预测活动。

进行产品市场的需求调研，主要应该从产品的需求数量、质量、品种、规格、包装、需求地点和时间、需求的满足程度、市场占有率等方面进行考察，并考察市场需求总量及其构成情况，从而确定调研主题。

其中，市场需求总量及其构成情况，表明全国或地区市场的需求量和构成，是从宏观上对市场需求的调查研究。项目组在了解、分析调研项目背景资料的基础上，最终确定调研项目的目标或主题，其调研最根本的目的是真实地反映市场的竞争状况，为委托方产品的定位及制定营销策略提供科学的依据。

二、确定调研对象

调研项目的主题确定后，项目经理继续与项目组成员研究策划市场调研的方案，明确信息资料的来源和调研的范围与对象。

（一）信息资料及来源

围绕项目主题，调研组需要收集的资料包括：第一，同类企业（竞争对手）的相关资料、产品市场的背景资料。这些资料主要通过互联网、委托企业获得。第二，零售商与代理商经营情况资料。这些资料在委托方提供名录后，调研组通过有针对性的实地调研获得。第三，消费者信息资料。这些资料要调研人员选定调研的个体对象后获取。

（二）调研的范围

根据委托方的销售渠道、消费者群体、竞争对手情况，确定调研地，并且以调研地的商业中心为重点，同时考虑一些中、高档小区。

（三）调研对象

调研对象是调研的范围及接受调研的社会现象的总体。范围确定后，项目组确定所要调研的对象为：零售商、代理商、消费者。

三、确定资料收集的方法

确定了调研的对象，调研项目组继续商讨收集资料的方法。消费者调研肯定要设计问卷，通过访谈了解其情况。而零售商与代理商不仅可以提供经营业绩方面的资料，还可以提供竞争对手、消费者情况的资料，只采用问卷调查的形式项目组很难完全获取想要的信息。因此，可以事先拟定一个提纲，再进行实地访谈和考察。还可以通过网络、文献等获取一些相关资料，也可以让委托方再提供一些竞争对手资料和宏观竞争市场资料。根据所确定的资料来源和调研对象，考虑调研工作的人力状况与财力预算，项目组确定该调研的资料收集根据不同对象与资料类型以多种形式进行。

（一）文献法收集行业背景资料

通过检索同类企业的经营资料、相关网站与媒体提供的信息资料等，获取目前市场的竞争状况和特征、竞争对手的市场策略和运作方法等相关资料。这部分属于二手资料，所检索的企业、资料具有不确定性。

（二）访谈法、观察法获取零售商、代理商的资料

对调研的零售商、代理商可以通过访谈、实地考察收集原始资料。访谈要考虑其销售业绩、消费者情况和其他同类品牌经营者情况等。

访谈的内容应当围绕几个方面进行设定：第一，零售商、代理商销售或代理的产品的经营情况，包括销售额、利润、进货周期等。第二，消费对象（消费者）的信息资料，包括消费者的年龄、职业、款式偏好、价位承受力等。第三，竞争对手的信息资料。

（三）问卷法获取消费者的信息资料

消费者调研可以从其职业、爱好、喜好的品牌等几个方面来考虑并设计调查问卷。

问卷设计的质量对调查结果会产生至关重要的影响。调查问卷应提供标准化和统一化的数据收集程序，使问题的用语和提问的程序标准化。针对调研主题与方法，项目组应设计面向消费者个体的调查问卷。

问卷结构要包括说明部分、甄别部分、主体部分、个人资料部分、访问员记录、被访者记录。问卷形式采取开放性和封闭性相结合的方式，问卷要按照接受调研的消费者思考问题和对产品了解的程度来设计。

因为便利抽样可以保证样本的广泛性，配额抽样可以保证样本的代表性，所以项目组可以采用便利抽样和配额抽样的方法得到调研样本对象，然后发放调查问卷收集原始

资料。

四、研究资料处理技术

数据处理分析是调查的收获阶段,数据处理与分析技术的水平,直接影响着调研的质量。资料收集上来后,要安排专业人员负责资料的审核整理,并且编码录入,剔除无效的、不合格的问卷,确定资料的可靠性。最后要做统计分析。项目组可以按照以下方式分类处理与分析信息资料。

(一)关于数据信息录入的技术

对于回收的问卷,项目组责成专业人员负责,在统一审核的基础上,首先要剔除无效的问卷,之后对问卷进行统一的编码,即将问卷中的开放题或半开放题的答案用标准代码标注出来,便于电脑统计。为了确保原始码表趋于完善,应当选择不同地区、不同层次的问卷分别编码。对于可能出现的新码,应在原始码表上留有补充余地,从而便于灵活加码。数据录入利用 Excel 工作簿完成。

(二)关于数据信息分析技术

1.软件

可以使用专业的市场调研软件对问卷进行数据分析,也可以使用电子表格软件的统计分析功能进行数据分析。

2.方法

数据分析的方法有聚类分析、因子分析、相关分析等。

五、商议调研项目的组织安排

调研项目的组织安排包括确定调研时间,安排调研进度,确定提交报告的方式,调研人员的选择、培训和组织等。

(一)调研的时间安排

调研时间规划必须在保证满足项目完工的日期要求的前提下,充分考虑各项工作的逻辑顺序、各项工作的难易程度、调研与预测力量的使用可能等因素,考虑到意外情况的出现,并为此留有充分的时间余地,进行精心设计。

(二)调研的人员安排

调研组成员分别被派往各调研城市,负责督察样本资料的收集。在每个城市,调研组成员可以到当地高校召集一些经管类专业的大学生做访问员。

项目经理做出统一的招聘规定,并做出安排:地区间通过互联网保持联系,每个调查城市派一名公司督导,并在每个城市招聘一名全职、熟练的专业人员来完成调研实施管理工作;人员招聘渠道由项目组与当地高校联系,以招聘在校大学生为访问员和兼职助理为主,有经验者优先录用;人员培训应使用统一制作的培训资料,内容应当涉及职业道德、访谈技术、项目内容介绍、模拟演练等。

(三)调研的其他安排

经费预算由项目经理与委托方商议确定等。

市场调研项目策划是对调研工作的整体构想,市场调研目标的实现,最关键的因素是准确把握决策者需要了解的问题及信息资料,这需要调研人员在与委托方充分沟通的基础上,进行大量的前期资料查询,有时还需要进行一些前期的调研,才能较好地把握。另外,周密策划确定调研对象与内容,才能确保收集的信息资料是必需的、正确的。

第三节　市场调研项目规划书

项目组在策划好调研项目的实施方案后,需要撰写一份市场调研项目规划书,也可以称作市场调研项目策划书,或市场调研项目计划书。

一、市场调研项目规划书

(一)市场调研项目规划书的一般格式

一个完整的市场调研项目规划书通常包括八项内容,具体如下。

1.概要或前言

它概述规划书要点,提供项目概况。

2.背景

它描述和市场调研问题相关的背景。

3.调研目的和意义

它描述调研项目要达到的目标,完成调研项目产生的现实意义等。

4.调研的内容和范围

它给出调研采集的信息资料,调研对象范围的设定。

5.调研采用的方式和方法

它给出收集资料的类别与方式、调研采用的方法、问卷的类型、实施问卷的方法等。

6.资料分析及结果提供形式

它包括资料分析的方法、分析结果的表达形式,是否有阶段性成果的报告、最终报告的形式等。

7.调研进度安排和有关经费开支预算

8.附件

附件包括设计的问卷、调查表等。

(二)市场调研项目规划书撰写技巧

1.调研目标的陈述

这项内容实际上就是研究项目与主题确定后的简洁表述。在此部分,可以适当交代研究的来龙去脉,说明方案的局限性以及需要与委托方协商的内容。有时,这部分内容也放在前言部分。

2.研究范围

为了确保调研范围与对象的准确、易于查找,在撰写规划书的时候,研究范围一定要陈述得具体、明确,能够运用定量的指标来表述的一定要定量化,要说明调查的地域、调查的对象,解决"在何处""是何人"的问题。

3.研究方法

为了顺利地完成市场调研任务,要对策划的调研方法进行精练、准确的陈述,解决"以何种方法"进行调研,由此取得什么资料的问题。具体撰写中,对被调研者的数量、调研频率(是一次性调研还是在一段时间内跟踪调研)、调研的具体方法、样本选取的方法等要进行详细的规定。

4.研究时间安排

实践中,各阶段所占研究时间的比重可以酌情分配与安排。

5.经费预算

一般市场调研经费大致包括资料费、专家访谈顾问费、专家访谈场地费、交通费、调研费、报告制作费、统计费、杂费、税费和管理费等。比重较大的几项费用为交通费、调研费、报告制作费、统计费,依调研的性质不同而有一定的差异。目前,为保证问卷的回收量及被调研者对其他调研类型的配合度,往往还要支付一定的礼品费,不过不能因为礼品的发放造成被调研者改变自己的态度,不能影响调研结果的可信度。

6.研究人员预算

研究人员预算要陈述清楚不同类型研究人员的配比问题,主要需要市场分析、财务分析、访谈人员等专业人士,可以根据具体的项目适当调配各类人员的配合关系。

(三)撰写项目规划书需要注意的问题

1.重视规划书的制作

一份完整的调研项目规划书,上述内容均应涉及,不能有遗漏。而且,规划书的制作必须建立在对调研项目背景的深入认识上,尽量做到科学性与经济性相结合。格式可以灵活,但规划书一般应由项目负责人来完成。

2.进行方案的可行性研究

规划书完成之后,应当从逻辑的层面对方案进行把关,考察其是否符合逻辑和情理。通过组织一些具有丰富市场调研经验的人士,对设计出来的市场调研方案进行初步研究和判断,说明方案的合理性和可行性。通过在小范围内选择部分单位进行试点调研,对方案进行实地检验,说明方案实施的可行性方式。

3.对调研方案进行总体评价

一般情况下,对项目规划书从四个方面进行评价,即是否体现调研目的和要求,是否具有可操作性,是否科学和完整,是否具有调研质量高的效果。

二、某服饰企业的休闲服装市场调研项目规划书概要

这里以某服饰企业的休闲服装市场调研项目规划书为例,就规划书的制作技术进行分析和讨论。

做好项目方案策划之后,项目组要撰写项目规划书。市场调研项目规划书相当于调研执行方与委托方之间的一种协议。规划书编制的过程也是加深对调研项目理解的过程。规划书可以帮助和指导调研员开展调研工作,使调研工作处于可控制中。项目组撰写市场调研项目规划书,概要如下。

(一)前言

调研组与某服饰企业通过多次沟通,就休闲服装市场调研达成了共识。目前我国休闲服装市场品牌众多,市场竞争激烈,而整个市场又存在一些问题,如品牌定位不清晰;产品款式同质化现象严重;产品板型差距大;市场推广手法雷同等。

该服饰企业能否对目前的市场环境有一个清晰的认识,能否在目前的市场竞争状态下找到市场空间和出路,取决于能否有正确的市场定位和市场策略。只有对市场进行深入的了解与分析,才能找准产品定位,确定价格策略、渠道策略、促销策略,使产品成功进入市场。在本次调研中,调研公司将集中优势资源,严格把控调研质量,科学实施调研流程,确保调研的顺利完成。

(二)调研目的

(1)通过市场调研,为该服饰企业寻找新的市场空间和出路。

(2)通过市场调研,了解目前休闲服装市场的竞争状况和特征。

(3)通过市场调研,了解竞争对手的市场策略和运作方法。

(4)通过市场调研,了解休闲服装市场的渠道模式和渠道结构。

(5)通过市场调研,了解消费者对休闲服装市场的消费习惯和偏好。

(6)通过市场调研,了解休闲服装市场的品牌竞争情况。

(7)通过市场调研,了解消费者对休闲服装产品的认知和看法等。

总之,本次调研最根本的目的是真实地反映休闲服装市场的竞争状况,为该服饰企

业的定位及决策提供科学的依据。

(三) 调研内容

1. 宏观市场调研

①休闲服装市场的动态及市场格局。
②休闲服装细分市场的竞争特点和主要竞争手法。
③休闲服装细分市场的发展和市场空间。
④休闲服装细分市场产品的流行趋势研究。
⑤休闲服装细分市场知名品牌的优势与劣势分析。
⑥主要休闲服装企业的分析和研究等。

2. 代理商调研

①代理商对新兴市场的一些看法。
②代理商对不同风格休闲品牌的看法。
③代理商对市场空间和产品机会的看法。
④代理商对新品牌的市场定位的建议。
⑤代理商的市场运作手段和方法。
⑥代理商对产品、价格、款式、种类的需求。
⑦代理商对生产企业合作的建议和要求。
⑧代理商对产品组合、市场推广的建议。
⑨目前的市场状况与潜在需求之间的差距。

3. 零售商调研

①零售商对不同品牌休闲服装风格的看法。
②零售商对当地休闲服装市场的看法。
③零售商对产品、价格、款式、种类等的需求及这种需求与市场现状间的差距。
④不同零售点的产品组合差异性。
⑤当地零售市场的主要竞争手段。
⑥该店销售得好的款式及其原因分析。

⑦该店产品的价格组合方式等。

4.消费者调研

①消费者对目前休闲服装产品的评价。

②消费者对产品质地的偏好趋势。

③消费者对休闲服装风格的偏好趋势。

④消费者对休闲服装款式的偏好趋势。

⑤消费者对产品组合的要求。

⑥消费者对产品色彩的趋势与偏好。

⑦消费者对产品图案的选择和偏好。

5.消费者购买行为调研

①消费者购买什么类型的休闲服装。

②消费者为何购买。

③消费者何时购买。

④消费者何处购买。

6.影响消费者购买因素调研

①卖场氛围对消费者购买的影响程度。

②影响消费者购买行为产生的最主要因素。

③品牌对消费者购买的影响程度。

④风格对消费者购买的影响程度。

7.休闲服装品牌调研

①休闲服装品牌知名度测试。

②休闲服装品牌认知度测试。

③休闲服装品牌满意度测试。

8.广告信息调研

①消费者获取信息的主要渠道。

②消费者获取休闲服装信息的主要渠道。

③目前休闲服装信息的主要传播点等。

9. 竞争对手调研

①竞争对手的风格及消费者对该风格的评价。

②竞争对手的产品及消费者对其了解程度。

③竞争对手的价格及消费者对其接受程度。

④竞争对手的利益点。

10. 样本的构成

①抽样样本的年龄构成。

②抽样样本的职业构成。

③抽样样本的文化程度构成。

④抽样样本的家庭收入构成。

⑤抽样样本的性别构成等。

（四）问卷设计思路

1. 问卷结构

问卷的结构主要分为说明部分、甄别部分、主体部分、个人资料部分，同时问卷还包括访问员记录、受访者记录等。

2. 问卷形式

问卷采取开放性和封闭性相结合的方式。

3. 问卷逻辑

问卷设计采取思路连续法，即按照受访者思考问题和对产品了解的程度来设计，在一些问题上采取跳问等方式来适应消费者的逻辑。

4. 主要问题的构想

消费者的单位与职业、过去购买的休闲服装风格、最近购买的休闲服装品牌等。

（五）调研区域

以下区域作为调研的主要区域：广州、深圳、海口、福州、上海、杭州、成都。

调研区域的分布原则上以当地的商业中心为重点，同时考虑一些中、高档小区。各个区域要求覆盖以下各个调研点：商业中心区域、代理商经销点、大型商场休闲服装专柜区、休闲服装专卖店（具体地点由调研组到当地了解后决定），以保证样本分布的均匀性和代表性。

（六）调研方法与样本量设计

1.消费者抽样方法

对消费者的调研采用便利抽样和配额抽样的方法。在各个城市中采取在街头或商业场所向过往或停留的消费者做休闲服装市场的产品调研，从总体样本中以年龄层为标志分为若干类组，实施配额抽样。

2.经销商、零售商调研方法

对经销商、零售商的调研采用深度访谈和观察的方法。深度访谈由调研公司有经验的调研人员按照调研提纲来向经销商、零售商了解相关信息；通过在商业场观察不同品牌的销售情况和消费者的购买情况，获得市场信息。

3.文献法

文献法用于内部资料整理、文案研究等。每个区域的样本量在300～500例之间。

（七）分析方法

对问卷进行统一的编码、数据录入工作。编码由编码员对已完成的问卷建立答案标准代码表（简称码表），今后进行问卷编码。选择不同地区、不同层次的问卷来编制码表。数据录入电子表格中，并对数据进行电脑逻辑查错、数据核对等检查。用数据分析软件对问卷进行数据分析。用聚类分析法分析被访者人口背景、消费习惯、生活方式、个性等；用因子分析法分析影响消费者购买的原因、品牌差异性等；用相关分析法分析影响消费者消费、评价品牌、产品与品牌、产品特性之间的内在关系；用 SWOT 分析品牌的内在环境和外在环境，从而明确优势和劣势，认清市场机会和威胁，对策略性决定有很大的指导作用。

（八）组织安排和预算

1.机构安排及职责

设置项目负责人 1 名，负责项目的规划实施全过程，并对委托方负责；项目实施督导人员 7 名，在负责人的领导下组织开展调研工作，负责对调查员培训、督导问卷访谈、进行数据资料的整理分析、承担调研报告的撰写任务等；聘用调查人员 70 名，接受培训后，按要求完成问卷访谈工作。

2.调查员的选拔与培训安排

从某高校三年级学生中选择 70 名经济类专业学生，要求仪表端庄，举止得体，懂得一定的市场调研知识，具有较好的调研能力，具有认真负责的工作精神及职业热情，具有把握谈话气氛的能力。培训内容主要是休闲服饰个体调查问卷访谈要求及技术。

3.经费预算

本次调研的经费包括策划费、交通费、调研人员培训费、公关费、访谈费、问卷调查礼品费、统计费、报告费等，具体金额等略。

（九）附件

本次调研的附件包括聘用调研员承诺书、调查问卷、调查问卷复核表、访谈提纲、质量控制办法等。

三、调研项目规划书的提交

规划书制作好以后,项目经理将规划书提交给该服饰企业审阅。双方就有关问题进行探讨,达成共识后,签署合作协议。

第四章 市场营销与产品策略管理

企业经营活动成功与否通常会受企业内部各种因素的影响,根据企业对这些影响因素的控制能力通常可以将其分为两大类:一类是非可控因素,来自企业外部,其产生的主要原因是企业受市场环境的影响;另一类是可控因素,来自企业内部,主要包括产品生产、定价、分销、促销策略等。对可控因素的掌握与运用可以充分体现企业在目标市场上的竞争地位与营销特色。

第一节 市场营销中的产品组合策略

一、市场营销中的整体产品概念

(一)概念

市场营销学中所研究的产品是指整体产品,一般有三个层次,即实质产品(又称核心产品)、形式产品和延伸产品。

1.实质产品

实质产品是指产品提供的基本需求效能与利润。从根本上来说，各种产品在实质上都是为了解决问题而服务的。例如，消费者选择唇膏的目的并非获得某个颜色或某种形式的实体，而只是希望唇膏能起到美化和滋润唇部的作用。

2.形式产品

形式产品是指产品实体的外在形式，即实质产品借以实现的形式或目标市场对需求的某种实现形式。形式产品通常有五大特征，即质量、款式、特色、商标和包装。实质产品需要借助形式产品才能实现。

3.延伸产品

延伸产品是指根据产品自身的特点，所形成的各种售后服务保障；或者是当消费者在选择形式产品或者期望产品时，附带得到的所有权益的总和，包含说明书、保障、施工、保养、配送、培训等。

（二）产品分类

按照一般消费者的购物习惯，可将产品分为便利品、选购品、特殊品与非渴求品四种。

1.便利品

便利品是指消费者在平时购物时常见的，希望一有需求就能立即购买到的，而且只需花费最少的精力和尽量少的时间去比较品种、价位的消费品。

2.选购品

选购品指的是消费者为物色合适的产品，在购物前会去许多家零售商店了解，并比较其颜色、款式、品质、价位等的消费品。

3.特殊品

特殊品指的是具有特色或特定品牌，消费者愿意多花时间和精力去购买的消费品。

4.非渴求品

非渴求品指的是消费者不了解的,或是已经了解但毫无兴趣购买的消费品。

二、市场营销中的品牌管理

(一)品牌管理的内涵

品牌指的是企业对其提供的货物或服务所定的名称、术语、记号、象征、设计,或它们的相互组合。产品是企业所制造的东西,而品牌价值则是消费者对所选择的产品的综合印象。产品往往能够被竞争对手所仿制,而品牌则是唯一的。成熟的品牌,其价值将持久影响着企业。

品牌是消费者本身对某种产品或服务的认知程度,它促使消费者在选择该产品或服务时形成选择偏好。对许多中小型企业而言,品牌内涵也在一定程度上体现了企业文化,所以对这类企业而言,品牌价值不仅是企业对外(分销商、客户等)营销的利器,而且是企业对内(企业员工、供货商等)经营管理的道德力量。在市场营销中,品牌产品是激发人们再次消费行为的原始动力,是整个市场上的灵魂。有一位优秀企业家曾说过,"没有品牌,企业就没有灵魂;没有品牌,企业就会失去生命力"。

(二)品牌管理的步骤

品牌管理是一个复杂的、科学的工作流程,不能忽略任何一个环节。以下为成功的品牌管理必须遵循的四大步骤。

1.勾画出品牌的"精髓",描绘出品牌的理性因素

先找出品牌现有的所有能够用事实和数值勾画出来的资源,再按照总体目标去描绘出必须加强的那些人员、物资和财力,让品牌的精华部分更为完善。其中涉及消费者群体的基本信息、投资者与策略伙伴之间的关系、企业的架构、市场的现状、竞争格局等。

2.把握品牌的"核心",描绘出品牌的情感因素

企业在确定品牌核心的时候应该理解企业的文化起源、社会背景,以及目标消费者本身的心理和情感因素。企业应按照所要达到的目标,定位品牌的核心内容并把要加强的情感因素一一列出来。

3.找寻品牌的"灵魂",找寻品牌发展的求异策略

企业通过前两个步骤描绘出了品牌的理性因素和情感因素,下一步就是采用独特的市场定位与宣传信息升华出品牌的灵魂。例如,人们愿意食用某著名快餐品牌的食物,并非因为它美味,而是因为它给予人们一种愉悦的感受。人们愿意去某个知名主题乐园游玩并不仅仅因为它是游乐场所,还因为人们能够在其中找到儿时的幻想与快乐。所以品牌并非产品或者服务本身,而是它所给予人们的想象与感受。

4.品牌的培育、保护与长期爱护

品牌的建立很容易,但维护却是一个非常辛苦的过程。缺乏良好的品牌关怀策略,品牌是无法发展的。许多品牌靠花费大量资金进行广告宣传来增加客户资源,但因为不懂得品牌管理的科学步骤,在有了知名度之后,就不再重视消费者需求的变化,也没有提供承诺的一流售后服务,于是失望的消费者只能无奈地选择新的品牌,最后导致企业花了大量资金才获得的品牌效应,昙花一现。所以,品牌管理的重心就是品牌的维护。以往,人们在谈到品牌时常常想到的就是产品或企业的商标,而真正的品牌已经从信用品牌走向了感情品牌。企业应思考怎样让产品从商标提高到信用最后再上升到感情。

(三)品牌管理的要素

1.建立卓越的信誉

信誉是品牌的基石,缺乏信誉的品牌基本没办法参与国际竞争,并在竞争中获胜。在我国加入世界贸易组织后,许多外国品牌同我国的本土品牌展开了对中国消费者的争夺。国内企业应该通过提高经营管理水平和管理团队的整体素质,加强品牌管理的力量,以提高消费者的满意度,建立卓越的信誉。国内企业应该认真研究消费者需求的变化,并不断地创新出能够适应消费者差异化需求的具有个性化功能的新产品或服务。

2.争取广泛的支持

维护品牌需要企业价值链上各个部分的全力支持，其中包括消费者的大力支持，还有政府机构、媒体、研究专家、权威人士与销售商等的鼎力支持，并且有时候还需要名人运用他们的社会效应来提高品牌的可信度。

3.建立亲密的关系

随着消费者需求的动态变化和其获得信息机会的日益增多，为消费者提供个性化和多元化的信息咨询服务已成为企业进行品牌维护的重要渠道。只有那些和消费者建立了长久合作关系的品牌才会是最后的赢家，所以国内外企业都想方设法地和消费者建立直接联系，希望赢得消费者的信任。

4.增加亲身体验的机会

消费者的购买习惯较过去发生了巨大的变化，其光靠广告上的信息就决定购买的次数已经越来越少了。现在的消费者在购物之前会先进行试用或体验，再决定自己是否购买。所以企业对品牌维护与传播的关键就成了怎样使消费者在最便利的条件下，不耗费过多时间、精力就能够全面掌握产品与服务的品质与功效。这些使消费者满意的体验能够提高其对品牌的信心，从而产生购买的欲望。

三、市场营销中的产品包装管理

企业的产品包装管理工作一般指的是企业对产品的包装实施策划、组织、指导、监督和协调等管理工作，是企业管理工作的重要组成部分。不过，因为企业的产品种类和产品规模等实际情况都有所不同，所以企业在产品包装管理工作的具体方法和实践运用等方面都存在着差异。企业产品包装管理工作需要针对企业的具体情况，用最经济的方法来保证产品包装材料的品质，降低包装成本，促进产品销售。企业的产品包装管理工作是一项综合性的管理工作，企业的所有工作人员都要增强对企业产品包装管理工作的重视意识，做好企业的产品包装管理工作。产品包装管理的优劣，对企业的经营效益有很大的影响。

（一）企业产品包装质量管理

1.一般企业的产品包装质量管理

①产品包装质量管理的一般定义。产品包装质量是指产品的包装能满足产品流通、销售和消费的需求及其满足程度的属性，并具备适用性、可靠性、安全性、耐久性和经济性等特征，通常以机械、物理、化学、生物学等性能和规格、形式、质量、外形、手感等表示。产品包装质量管理则是企业利用管理功能，为了改善产品的包装质量，不断满足客户需求而组织的质量管理活动。

②产品包装质量管理的主要作用。产品包装质量影响产品质量和生产安全，也关乎产品价值和使用价值的实现。所以，做好产品包装质量管理工作，不断改善包装质量，是产品生产的基本要求，是企业讲求效益的重要渠道。

产品包装涉及制造包装材料的部门和使用包装材料的部门，还有在生产流通过程中的商业、运输等部门，任何一个环节不注意质量管理，都会产生这样或那样的包装问题。所以，建立和完善产品包装质量管理体系，形成比较完善的产品包装质量监督网，是做好产品包装质量管理工作的关键。

2.工业企业的产品包装质量管理

工业企业的产品包装质量管理工作，也需要建立一个完善的包装质量管理体系。所谓包装质量管理体系，就是一方面按照企业产品包装质量的有关规定，采取一定的管理手段和方式，将工业企业内部各个部门、物流管理单位组织起来，并明确规定它们在包装质量管理工作方面的具体职责与权限，将包装管理工作贯穿企业生产经营活动的全过程。另一方面，将保证企业包装质量的具体工作落实到各相关部门并加以监督管理，在企业内部建立严格而有效的质量管理制度；同时，在企业统一领导下，各部门互通消息，彼此合作，共同保证和提高产品的包装质量。产品生产经营活动的各个阶段与各个环节都要进行产品质量信息反馈，企业可以设置"厂内反馈"和"厂外反馈"两种反馈方式，如此每完成一个循环，产品的包装质量就可能得到改善。因此，工业企业要实施以下的主要举措。

①建立严格的产品包装质量责任制，严格规定企业的每一个部门、每一位员工对产品包装质量所承担的责任，使产品包装质量管理工作事事有专责，做事有规范，工作有检查，从而建立严密的产品包装质量管理工作责任体系。要严格按照产品质量标准、包

装技术标准和客户要求，做好产品的设计、制造和包装。

②建立健全产品包装质量的检测机制。做好产品包装质量监督管理工作，建立专门的检验机构，设置专门的检测人员，形成一整套规范的包装质检体系，并明确包装质检机构工作人员的权力与工作范围，坚决不准让包装不合格的产品出厂。

③运用科学的质量管理统计方式。合理使用这些方式，就能够在生产工序上有效掌控产品的包装质量，确定制造流程是否顺利，并及时发现或控制导致产品包装质量不稳定的主要因素，防止不合格产品包装的产生，从而增加产品包装的质量合格率。同时，还能够研究导致产品包装质量变化的主要因素，并适时采取措施，做好质量管理，从而进一步提高产品的包装质量。

3.流通领域的产品包装质量管理

产品的包装质量直接关乎消费者权益，包装质量差就无法保障产品的安全。所以，销售、物流等部门都应该严格检查产品的包装质量，与生产部门紧密配合，做好产品包装质量管理，一方面要确保产品包装以良好的状态进入消费阶段，另一方面也要确保产品包装在实际消费中具有良好的使用效益。

①实行产品包装质量监督。流通环节的各部门在进行质量检查时，要将检查服务质量、产品质量和产品包装质量置于同等重要的位置，并严格地按照各项国家相关技术标准进行质量检查。对产品包装质量不合格者，限期整改，从严把好产品质量关。同时，产品购销双方应当详细约定包装质量标准，用经济方式确定双方对产品包装质量的责任，并严格按照约定办理，对包装材料、包装结构和包装物理机械性能均达不到规定的，或包装物标识错误的产品应予拒收，并督促生产企业及时处理和改进。

②加强对包装产品的运输试验。生产和运输部门应做好对运输产品包装质量的检测，并做好模拟测试工作，如跌落、滚动、振动、压力和堆码测试等，可以准确检测各种产品包装的强度和牢度，以保证产品包装在市场流通中的安全性。

③鼓励生产部门对产品包装进行改进。销售和运输等部门要定期反映客户和消费者对产品包装质量的意见，认真做好产品包装质量信息的反馈工作，并根据产品包装质量中出现的新问题，及时提供改进办法，积极向生产部门介绍产品包装的新技术和新成果，以提高产品包装质量。

④加强仓储物流的质量管理工作。倡导文明包装，反对和禁止野蛮装卸，要严格按照产品包装标识进行产品的装卸和运送衔接工作，并选用最佳的包装办法和产品的积载

技术；同样，也要进行产品的拼装和分装管理工作，对已散架、散捆、破损、水湿等的产品包装，应当进行密封或置换，以保证产品在市场流通中的安全性。

（二）产品包装的费用管理与改善方法

1.产品包装的费用管理

产品包装的费用管理工作，是企业经营管理工作的一项重要组成部分。它主要涉及包装产品制造企业的包装费用管理工作和包装产品使用企业的包装费用管理工作两个方面。

一般企业的产品包装费用管理工作，是指企业对各项包装费用所进行的筹划、管理、会计核算与分析等工作。由于包装费用是产品生产成本的一部分，因此包装费用管理工作也是一般企业包装管理工作的重点部分，其目的是在满足产品包装质量的前提下，通过降低产品包装费用，以最少的花费取得最大效益。

如果一个企业只重视产品的技术方面，而忽略了产品包装的经济性，则非但达不到对产品包装的目的，反而会耗费企业有限的产品包装材料资源，影响企业效益。例如，采用质量远远高于产品包装质量标准的包装容器或包装物对产品加以包装，尽管保存了产品价值，却因为包装费用成本过高，不但降低了企业收益，同时也浪费了包装原材料。所以，在经济和技术上都较为理想的产品包装，就必须是用最少的包装费用，达到最大的包装效益。尤其是利用最新的包装技术和最新的包装材料对产品加以包装时，可降低企业的包装费用。

一般企业包装费用管理工作的重点，就是怎样用科学的管理办法和技术措施，尽可能降低产品的包装费用。企业包装费用管理的具体内容主要涉及：包装费用计划、包装费用控制、包装费用核算和包装费用分析。

①包装费用计划。企业可以通过生产计划、包装物容量和包装产品价值等数据，用货币的表现形式，预先规定生产计划期间各种包装的总体费用。它既是对企业生产包装活动加以引导、监督、管理、考核和评估的重要基础，也是企业降低产品包装费用的主要保证。

②包装费用控制。包装费用控制就是在产品包装费用形成的整体流程中，通过采取经常性的监督措施，适时调整偏差，使所有产品包装费用的开支均限制在包装费用计划

的范围之内,保证实现降低产品包装费用的目的。

③包装费用核算。包装费用核算是将企业实际产生的各种包装费用根据其效用情况,并按相应的产品,加以汇总、分配,从而核算出每张订单产品的实际总包装费用和单位产品的包装费用。合理地进行包装费用核算,不但能够控制实际包装费用的支出范围,监督各种消耗定额和收费标准的落实,还能够与计划包装费用对比,掌握包装费用计划的实施情况,准确而有效地将企业增产节约的效益体现出来。

④包装费用分析。要发挥包装费用管理功能,不但要进行事前筹划和事后成本核算,还必须仔细进行包装费用分析。对企业包装费用的构成情况加以评估、分析、汇总和报告,其目的是明确企业实际包装费用,找出影响实际包装费用的各种因素,找到企业降低包装费用的方向与途径。

2.改进产品包装管理的方法

①从分析产品包装管理问题入手,形成合理的管理策略。企业包装管理工作创新的关键就在于正确抓住问题的根源,从而为改进包装管理做出有效判断。特别值得注意的是,要将在包装管理过程中发现的问题放到企业的管理系统中加以分析,把握问题的实质,成功解决包装管理问题。企业产品包装管理工作,是一项系统性管理工作。企业需要建立完善的包装管理系统,在机构、体制、方法和技能等方面形成合理的运行机制,做到协调运转和统筹管理。

②系统地推动企业包装管理改革与发展。企业应系统分析包装问题,并且通过系统管理的方式,有计划、有步骤地处理企业包装管理问题。从组织结构和管理体系上进一步贯彻企业包装管理工作的策略,在包装方案设计和企业包装管理工作过程中进一步明确管理的规范和标准,在具体操作上进行分类管理,降低企业包装管理工作的成本,逐步形成可以促进销售的包装序列。

③用科学技术提高企业包装管理工作绩效。企业应着力于在包装管理工作中主动引进现代科技手段,在包装材料、包装设施、包装管理办法等方面进行科学改进,以有效提高企业的包装管理工作绩效。

④根据现代科技发展趋势和企业产品包装发展要求,进行包装管理改革。企业包装管理不能脱离市场需求,也不能背离现代企业的经营要求。应该将生态环境保护、经济可持续发展、分类管理等观点融入企业产品包装管理,以发挥高新技术作用,促进企业产品包装管理的发展。

四、市场营销中的产品组合策略

(一)产品组合策略及其有关定义

产品组合,亦称产品搭配,是指企业供应给目标市场的所有产品线和产品项目之间的组合或搭配关系,即经营范围与构成。

产品线,指彼此联系或相似的产品,即通常所说的产品大类。产品线的划分依据为:在产品用途上相同或相似、消费存在连带性、产品供给同样的消费群体、具有相同的分销渠道,并处于同一定价范围。

产品项目,指企业产品线(大类)中各种不同品类、档次、质量和价位的产品。

如某店铺主营的鞋、帽、服饰、针织物等四大类(四条产品线),每大类中又有若干个具体种类(产品项目),而全部的产品大类与产品项目按某种比例搭配,就构成了该店的产品组合。

(二)产品组合策略的主要内容

产品组合策略通常根据产品组合的宽窄、长短、深浅和关联性等几个方面做出决定。产品组合的宽窄,即一家企业生产经营产品大类的数量多少,或拥有的产品线数量多少,产品大类和产品线的数量多则产品组合的宽度广。

产品组合的深度,即产品线中每种产品可供应的花色、味道、规格等的多少。

产品组合的相关程度,即不同产品线之间在最终用途、生产条件、分销渠道或其他方面的关联程度。

市场营销中的产品组合对市场营销策略具有重要作用:第一,扩展产品组合宽度,扩大经营范围,可发挥企业内部资源的潜能,从而提高经济效益;第二,扩展产品组合的深度,可满足不同消费者的需求,从而吸纳更多的买主;第三,提高产品组合策略的准确性,可提高企业的竞争地位。

五、实例：某品牌啤酒系列产品组合策略

某品牌啤酒企业 2018 年的销售额与税后收益为 2014 年的四倍，是我国啤酒行业中的典型，研究其市场开拓策略有很大的现实意义。

该品牌啤酒企业经过对我国啤酒市场发展现状的综合分析以及对未来变化情况的预测，确定了"一区一策、一地一策、一品一策"的基本原则。

该品牌啤酒产品系列包括标准的樽装、罐装和桶装，产品覆盖了啤酒市场的所有消费层次，并根据消费层次把产品划分为高档啤酒、中高档啤酒、中档啤酒和低档啤酒四大产品线，同时满足了不同营销渠道和不同营销区域。该品牌啤酒产品在市场销售中突出地体现了地域特点：高档和中高档产品销售量较大，其主要的销售市场在深圳市区及周边；中档产品主要销售区域为除深圳市区以外的深圳周边地区；低档产品由于与竞争对手的同档产品进行比较，其价格明显偏高，在低端啤酒的市场争夺中一直居于劣势，因此直接将该品类产品价格提升，使其参与中档啤酒的竞争中，而放弃了中低端市场。这样调整后的产品组合策略起到了提高产品销量的作用。

第二节 产品生命周期与营销策略

企业所经营的产品，从进入市场销售环节起，就必须进行多次市场营销策略调整，原因之一就是产品存在生命周期。

一、产品生命周期概述

（一）产品生命周期的概念

产品生命周期是指产品从准备进入市场到进行市场营销活动直至退出营销活动的整个过程。在这一过程中，产品的销量和利润都会出现某种规律性的变化。为此，必须制定各种各样的市场营销策略。产品生命周期主要说明了以下四种市场营销现象：第一，产品的营销时间是有限的，或者说产品拥有有限的生命周期；第二，产品在生命周期内，面临着各种各样的市场竞争情况；第三，产品在生存周期内的销量和利润都会存在变化；第四，因为导致产品销量和利润变化的市场因素不同，所以产品需要各种各样的营销策略，或者说，不可能有一种自始至终都能满足产品生命周期各个阶段需求的市场营销策略出现。

产品生命周期，按一般产品在市场上的销量变动情况分为四个时期：第一，市场引入阶段。在这一时期，产品的市场销量增长非常缓慢，因为产品刚进入市场，要支付很大的宣传费，因此盈利很少。第二，成长期。产品逐渐被市场认可，因此销量与利润增长得都很快。第三，成熟期。产品已为市场接纳，但成长速度放缓，产品销售额和利润率均达到了最大。第四，衰退期。产品销售额快速下滑，利润率也持续下滑直到为负值，产品进入淘汰阶段。

（二）产品生命周期曲线

一般产品在产品生命周期中的销售额情况表现为一个"S"形的曲线，这条曲线被称为产品生命周期曲线。根据产品生命周期曲线，产品生命周期中还存在一个"研发期"，在研发期，企业不仅没有收益，而且会出现负收益。负收益是指企业对新产品的开发投入。

产品生命周期曲线适用于描述普通产品的生命周期的定义，但不适用于描述风格型、时尚型、热潮型和扇贝型产品的生命周期。

1.风格型产品的生命周期

风格是一种存在于人们的基本生活中但特点突出的表现方式，风格一经形成，可能会延续几代，随着人们感兴趣的程度而形成一种循环再循环的模式，时而风行，时而又可能并不风行。

2.时尚型产品的生命周期

时尚通常指在某一领域里，目前为大家所认可且喜爱的风格。时尚型产品的生命周期特征是，在刚推出时很少有人接纳（独特阶段），但接纳人数随着时间慢慢增多（模仿阶段），到被广泛接受（大量传播阶段），最后慢慢衰退（衰退阶段），消费群体开始逐渐把注意力转向了另一种新时尚。

3.热潮型产品的生命周期

热潮是一种来势汹汹，且迅速引起社会大众广泛关注的潮流，俗称时髦。热潮型产品的生命周期往往发展迅速又急速老化，原因主要在于它只能满足人们一时的兴趣或需要，其吸引的对象只限于少数追求刺激、标新立异的人，往往无法满足更强烈的需求。

4.扇贝型产品生命周期

扇贝型产品生命周期主要指产品生命周期在不断地延长，这通常是因为产品创新或不时出现新的功能。

（三）产品生命周期的优缺点

1.产品生命周期的优点

产品生命周期理论提出了一种普遍适用的营销规划观念。它把产品销售分为不同的阶段，市场营销管理人员可以根据产品销售各个阶段不同的特征，而采取不同的市场营销策略。而且，产品生命周期仅涉及销量与时间两种变量，简单易懂。

2.产品生命周期的缺点

①产品生命周期中各个阶段的起始没有明确的界定标准。

②并不是全部的产品生命周期曲线都是规范的"S"形，也有很多特殊的产品生命周期曲线。

③产品生命周期仅考虑销量与时间的关系，未涉及生产成本和产品价格等其他相关因素。

④根据产品生命周期，企业很容易产生"营销近视症"，以为产品销售已到了衰落期，而过早把仍有一定价值的好产品给剔除出了产品售线。

⑤产品老化并不代表无法再生，如果采取适当的改进策略，企业就可能再创产品新的生命周期。

二、产品生命周期的营销策略

对企业市场营销管理人员而言，产品生命周期理论的主要意义就是其提出合理市场营销策略的依据。

（一）引入期的营销策略

在引入期，因为目标市场中的大多数消费者对企业所生产的新产品还不够了解或信任，所以消费者数量较少，销售额也少，产品的成长速度缓慢。同时由于企业还需对新产品花费较多的宣传费用，并且缺乏对产品市场前景的准确预期，因此产品生产批量较小，无法实现规模效益。这一时期的好处是竞争对手还不能参与竞争，或者竞争对手还不够活跃。在引入期，市场营销管理人员需要完成的基本任务是：使潜在的目标消费者了解新产品；建立适合的销售渠道，让目标消费者可就近直接接触或深入了解新产品；使消费者能够试用新产品。

（二）成长期的营销策略

成长期的主要特征是消费者对产品已非常了解，消费者消费的愿望越来越强烈，目标消费者也越来越多；产品销量和利润快速上升，产品已表现出较大的市场魅力；竞争对手也已能看到产品的巨大市场前景，并不断地加以模仿与跟进。

产品处在成长期时，企业市场营销管理人员的工作重点应放在维持当前产品的市场占有率和加大市场推广力度等方面。不过，如果遇到竞争对手用更好的经过改良的产品进军市场，企业的市场地位就会受到威胁。若要求更长久的收益，那么企业的市场营销管理人员必须在诸如生产提升、渠道拓展、消费者关系维护和品质改良等方面加大投入，这样虽然当期收益将受到负面影响，不过在步入成长期后，产品还有机会获得较大的收益。

通常而言，在成长期，企业可采取的营销策略是：第一，完善产品并提高产品的服务质量，维持产品对目标市场消费群体的吸引力；第二，企业应主动开拓新市场；第三，为了满足快速增长的市场需求，企业应该适时设立新的产品分销渠道；第四，企业应加强广告宣传工作，通过推介和宣传产品，说服和引导消费者接触并选择产品；第五，如果市场上的消费群体主要是对价格敏感型的，企业则应选择在一个合适的时机降价，从而提高产品的竞争力，扩大产品的市场占有份额，提高销售额。

（三）成熟期的营销策略

成熟期是产品生命周期中时间最长的一个发展阶段，因此通常可再细分为三个小阶段：一是在发展中的成熟期，这时主要的分销商渠道均已饱和，也没有或极少再有新的分销商渠道可供开辟了。一些较后期的购买力这时参与了进来，但由于没有新的分销渠道，企业的市场营销人员对此不能充分利用。二是在平稳中的成熟期，因为市场已经饱和，产品销量主要和消费者数量增加、重新购买率相关，因此销售额增长很少。三是在衰退中的成熟期，此阶段产品销量已开始下滑，部分消费者开始选择替代品。总体来看，产品成熟期的主要市场特征是：市场上最愿意使用该产品的消费者中的绝大部分已经使用了该产品，而新的消费者却越来越少；当产品销售的绝对量达到最多，新的销售增长却越来越少；当超过饱和点后，销售额就停止了增长；当利润达到最高，增加的利润就越来越少；市场竞争发展到最激烈的程度，市场争夺的手段也将复杂化，甚至产生最惨烈的"价格战"。当产品步入成熟期之后，企业的市场营销人员就必须把工作重心放到维持产品已获得的市场占有率和尽量扩大市场占有率上。

即使产品长期处于成熟期，也能够通过对其质量、风格、特性和售后服务等因素进行调整，来维护现有的市场份额和尽可能增加市场份额。成熟期产品的市场营销策略是：第一，改进质量。改进产品质量主要是通过提高产品的功效、改善产品的耐用性和可靠性等方式进行。能够改进质量的产品需要具备的条件包括：产品质量确实有提高的可行性；对于提高产品质量所增加的费用，企业能通过提高产品销售额来获得；改进质量能增强盈利能力。第二，丰富产品特点和形式。给产品增加一些新的特征，或是对外观、形状等加以改变，这样往往能使产品保持市场魅力，或可以激发起消费者新的消费欲望。如某家电企业，当产品步入成熟期后，总会持续地对产品做出某些较小的特殊改变，每次都可以让产品溢价并维持其市场魅力。

另外，成熟期的市场营销策略还有：第一，调定价。企业应该采取更干脆的降价、打折等举措，或推出更多的免费售后服务项目等，让消费者重新体验到产品的价格优势，以保证增加消费者数量或扩大市场份额。第二，增加分销商。企业应该尽量增加新的分销商，进入（或建立）一些新兴的分销商网络，以扩大产品的市场覆盖率，从而获取新的消费者，扩大市场份额。第三，加强广告宣传。在成熟期，企业应检查原有的广告宣传效果，重新进行产品定位，确定是否需要重新设计广告，或更改广告宣传中原来的设计，以重新引起消费者重视。

（四）衰退期的营销策略

衰退期的市场特征一般是消费者数量在持续地减少；销售额迅速减少；产品已经无法保持原来的价格水平，利润率下降，且下降的速度越来越快，最后甚至产生负收益；部分竞争对手开始放弃竞争。

产品进入衰退期后，企业需要对老化产品如何处理进行有效决策。是舍弃还是坚守，需视企业的业务能力与产品仍存在的市场潜力而定。简单地舍弃或者盲目地坚守，都会使企业蒙受经济损失。衰退期产品的市场营销策略主要有：第一，增加企业对产品现有生产业务的投入，并逐步扩大经营规模。这种方法适合于市场份额较大的产品，能够占领某些已退出的竞争者所放弃的市场，并赢得新的消费者。第二，维持原来的投入水平，既不扩大规模也不增加投资。这更适合于市场份额很大的产品，其在市场上还存在着一定的潜力，但并不能明确其未来的市场潜力。第三，选择性收缩。将一些销售额过小的细分市场舍弃，在较有发展潜力的细分市场上维持原来的规模或增加规模。这样企业的投入可以有所减少，甚至可以维持原来的水平，这适合于市场份额中等的产品。第四，收割。企业加速从现在的经营产品或服务中，获取尽可能多的收益。这更适合于大企业中市场份额较小的产品。第五，舍弃。企业迅速处理某种产品占用的资本，舍弃该产品的经营或服务。对市场份额小的产品通常应采用这种策略。

三、基于产品生命周期理论的物流需求与策略

（一）产品在不同生命周期阶段的策略目标

一个产品从进入市场，到最后衰退并淡出市场的完整产品生命周期内，企业的市场营销管理人员应根据产品特点在各个发展阶段提出不同的发展目标。在引入期以吸引消费者为主要目标，在成长期以占领市场为主要目标，在成熟期的目标是打造企业品牌，而在衰退期的目标则是开发新产品。在发展目标的指导下，企业可以合理安排人力与财力，创造最大利益，形成合理的营销策略。

如今市场营销方式的改变，也改变了企业的物流需求。从供应角度来看，产品生命周期各个阶段的发展目标，对供应商的选择、企业采购决策、仓储管理模式等也同样具有深远影响。也就是说，从整个产品的供应链角度来看，产品生命周期不同阶段的发展目标，都需要不同的供应链策略与其匹配，因此企业也需要以动态的眼光来选择自己的物流运营管理模式。

（二）产品生命周期各个阶段的物流需求与策略

1. 引入期

在引入期，新产品投放市场，但此时的消费者普遍对产品还不了解，除了少数追求新奇的消费者，基本上没有人实际购买该产品，新产品的边际利润较高，潜在需求的不确定性却较大。企业的发展目标在这一时期大多集中于"吸引消费者"，企业花费大量的时间与精力在终端的宣传上，对广告宣传投入非常大。而在物流需求方面，由于推出新产品的最初目标就是要在市场取得立足之处，所以保证消费者随时都能够拿到存货变得至关重要。而且消费者购买呈现小批量、高频次等特点，因此交货的及时性十分必要，如果缺货，将有可能抵消营销效果。所以在这一阶段，物流模式选择必须具有高度的产品可得性与灵活性，在制订新产品的物流支持计划时，必须充分考虑生产者是否具备迅速而准确补给产品的能力。而且，此时处于市场开发阶段，对市场的实际需求很难进行精确预估，所以面对消费者小批量和不固定数量的采购，企业如果保持大量的库存是不明智的。在新产品的引入期，怎样平衡满足消费者需求和避免高代价的物流支持，是企业管理者们亟待解决的问题。

在刚进入市场时，零售商可能会在提供销售补贴的情况下才同意储备新产品，由于订货的不确定性，缺货将会大大抵消促销努力，新产品未被市场所接受或夭折的比例较高。此时在设计供应链时，原料、零配件均宜小批量采购，以尽量减少企业本身的存货数量，但同时也要与供应商保持信息共享，保证供应商能迅速、准确地发货。而对企业的生产物流管理来说，也要在尽量减少成品存货数量的基础上，保证及时根据订单柔性生产。在销售物流方面，必须完善分销渠道，以简化"生产商—经销商—零售商"这一传统的渠道模式，因为中间环节越多，运输周期就越长，交货及时性越差，而且对小批量产品的分销很难形成规模效应，中间环节越多，物流成本就越大。

2. 成长期

在产品生命周期的成长阶段，产品已经获得了一定程度的市场认同，而且企业对产品的市场需求量估计得也较为精准。因此，企业在这一阶段的主要目标便是抢占市场，并增加市场占有率，当然在这一时期也要开始收回企业当初在产品引入期时投入的费用。此时物流活动的重心也正由不惜一切代价地满足消费者，逐渐转为均衡的服务和成本绩效。企业的关键任务是努力达成收支平衡的销售量目标，进而扩大其产品的市场覆盖面。

在成长阶段,企业市场营销面临的挑战是要按照市场需求的增长速度进行营销。企业要实现供应链管理策略与市场竞争策略的匹配,就应逐步改变原来的柔性化供应链设计,开始转为营利性的供应链,以尽可能地实现规模效应,从而降低成本。企业在这个阶段可以去设计物流活动以获得最大收益,使物流实实在在地变成企业的"第三利润源"。针对这一阶段的物流需求,企业应采取如下策略。

①可以较大批量地采购原材料和发货。因为企业在产品的成长期最大的目标就是尽可能地抢占市场,从而增加产品知名度。所以为适应消费者需求及节约相关成本,企业便可大批量采购原材料进行生产并发货,从而形成规模效应,创造更多的销售增长点,这样就可以给新的竞争对手以压力,并借此扩大企业的市场影响力。

②建立广泛、密集的产品分销物流体系。在产品的成长期,企业为了扩大市场占有率和巩固市场地位,会建立广泛且密集的产品分销网络,而这一网络的建立离不开强有力的物流网络支持。这一阶段物流的主要策略就是通过挑选合适的销售商稳定自己的分销网络,并建立与分销商的供应链合作伙伴关系,让分销商及时反馈消费者的需求,从而改进产品。

③改变供应链设计,让物流创造"利润"。销售额的增加所带来的大规模采购、大批量发货让企业的物流系统得到充分利用,企业通过改变供应链设计,合理安排物流运营方式,将供应链变成真正的"价值链"。

3.成熟期

经过了成长期,由于选择产品的消费者数量在逐渐增多,市场需求趋于饱和,产品便步入了成熟期。产品边际利润下降,潜在需求的不确定性逐渐减小。在这一时期,企业的目标就是打造品牌,并借助产品品牌延长产品生命周期。产品在成熟期具有竞争激烈等特点,因为一个产品的成功,往往会引起各种替代品的竞争,作为回应,调整产品价格和服务也变成了企业的一种标准策略。面对激烈的竞争和较低的产品边际利润,企业如果要打造自己的产品品牌,就需要进一步提高客户的满意度,提供更多的增值业务,这当中有很大一部分都是由物流部门来完成的,因此提升物流服务质量就成为这一时期企业物流需求的核心。通常企业在这个阶段的物流策略有以下两种。

①建立大型物流配送中心并遍及企业所有的营销网络,以完善增值物流服务。因为在这一阶段产品需求量比较稳定,所以各个销售网点的需求量和配送中心的发货量都是企业能够掌控的;又因为企业在成长期就已经形成了广阔且稳定的营销渠道,所以产品

在成熟期的基本物流配送线路就相当于明确了,企业要着重考虑的就是物流配送中心的选址和物流配送方式的选择。而通常情况下,在产品的成熟期,由于消费者对价格变化比较敏感,所以企业从营销角度来考虑会采取降价措施来增加销量,这样产品的边际利润会有所降低,如果再进行直达终端的物流配送,成本便会过高。因此,除核心客户,企业的物流配送终点一般只到批发商或者零售商的库房,让消费者自己前来取货。而对物流配送中心的选址,则取决于不同网点的需求量。

②进行物流外包,企业利用第三方物流企业来降低物流成本,提高增值服务。建立大型物流配送中心,对企业在物流信息系统、装卸搬运、车辆运送等方面都提出了更高的要求,且企业需要更大的投入,对中小型企业来说,这是一件很难实现的事情。而且,这一阶段企业的目标既是打造品牌,也是提高企业的核心竞争力,所以物流服务的改善是为了提高企业市场竞争力,而不是成为企业的核心竞争力。因此,企业应该分清主次,把这个阶段的物流需求交给第三方物流企业来实现。这不仅可以降低物流成本,同时还能够享受专业的物流企业带来的专业化物流服务。

4. 衰退期

随着科技的进步、新产品和替代品的出现以及消费者消费习惯的改变等,产品的销量和利润在不断下降,产品从而进入衰退期。而此时,成本较高的企业会因为无利可图而停止产品的生产,该产品的生命周期也会随之终止,以致最后完全退出市场。而在一种产品即将消亡之际,企业的营销管理部门所面临的就是在放弃出售产品和继续配送等可选方案间做出选择。因此,一方面,企业的物流配送活动必须被定位于继续维持相应的递送服务;另一方面,当产品退出市场时企业不会冒过多的风险。此时对企业来说,尽可能地降低风险比尽可能地降低物流活动成本更重要。

企业在这一阶段的主要目标是开发新产品,对新产品投资相对较多,对原有产品的物流投入降低至零,不再需要大规模采购原料和零配件,只需将大量积压的库存处理掉。即使偶尔会有消费者的购买需求,数量也不会多。因此对处于衰退期的这种较低需求量和响应时效不高的物流需求来说,保持较高的安全库存是根本没必要的,采用按订单生产才是最合适的。所以,衰退期的物流需求策略是将产品存放于生产企业处,利用直接发货方式或在途合并递送至消费者处。

综上所述,产品生命周期虽然更多用于描述企业的市场营销策略,但其为基本的物流策略展示了随时可以根据服务需求而做出调整的范围。对物流活动而言,同市场营销中的其他要素一样，企业在策略上也应该针对市场竞争情况做出相应的调整。物流活动所支持的服务层次和性质也会随着产品生命周期的变化而改变。一般而言，新产品在引入阶段需要高水平的物流活动能力和灵活性，以应对新产品物流计划的快速变动；在产品生命周期的成长阶段与成熟阶段中，物流的重心会转到服务质量和成本的合理化上；而在衰退阶段，企业则需要对物流活动进行重新定位，以使风险处于最低限度。

第三节 品牌营销策略

一、塑造品牌的原则与方法

(一)塑造品牌的原则

1.民族化原则

一个发展成熟的、历史悠久的品牌,能够反映其国家根本的民族特色和文化内涵。比如,德国的民族特点是严谨、注重细节、强调品质而不强调速度,这在其著名的电器品牌中得到了充分体现。尖端的科技与精良的品质,所体现出来的是德国人的认真与踏实,而品牌企业在发展策略上,同样也体现了德国人的严谨和稳重。

2.求异原则

在塑造品牌的过程中,企业不仅要坚持民族化原则,还要展现出品牌自身的独特性。因为一旦企业品牌形象和其他已有品牌过于接近,就难免在消费者心里留下负面印象,甚至被看作恶意仿造。比如,某公司的洗发水品牌,在打造品牌时始终抓住去屑功能不放,一旦其他新出现的洗发水品牌在广告宣传中也提到其具有去屑功用,就无法胜于该品牌,也无法引起消费者的关注。所以,产品个性化也是塑造品牌形象十分关键的一个因素。

（二）塑造品牌的方法

1. 情感导入策略

品牌不是冷冰冰的符号，它具有自身的特殊性和一定的艺术表现力，是企业与消费者沟通感情的重要桥梁。一旦品牌能够在广大消费者的心里占有一席之地，那么这个品牌便塑造成功了。比如，某玩偶品牌自创始之日至今已存在六十余年，现在仍然风靡全球，在全世界大部分的国家和地区都有售卖。曾多年被某知名玩具杂志社列为全球热销玩具。是什么原因使得该品牌的玩偶产生如此大的魅力？除了玩偶本身的样貌，更关键的是企业赋予了它人性色彩。企业运用广告宣传，成功塑造了玩偶充满情感的艺术形象，在电视、报纸上设置了互动环节，摄制了卡通片，并举办了玩偶收藏会，使玩偶的艺术形象走进了女孩子们的心扉，并经久不衰。

2. 心理定位策略

某知名营销专家认为，人的消费行为变化可以分成三个阶段：第一个阶段是总量的消费，第二个阶段是品质的消费，第三个阶段则是情感消费阶段。到了第三个阶段，消费者希望获得情感上的某种满足，或者渴望产品与理想中的自我之间形成某种契合。所以企业应顺应消费者消费心态的转变，用正确的心理定位引起消费者的共鸣，从而塑造自己的品牌形象。比如，某品牌汽车的市场宣传注重结合情感与浪漫的色彩，因而获得了许多年轻消费者的青睐；而另一品牌汽车则强调理性与务实，因而受到了稳健持重类型消费者的欢迎。

3. 文化导入策略

品牌文化是在企业、产品历史传承基础上形成的品牌形象、品牌特征以及品牌经营所体现的企业文化和经营哲学的综合体。品牌经营需要传承文化，品牌文化是企业传承文化的核心内容，能够提升品牌形象，为品牌经营提供高附加值。因此，企业如果希望打造国际品牌，背后就要有本土厚重的历史文化沉淀。每一个品牌都应该注重塑造差异性的品牌文化，以文化感动人。

4. 专业权威形象策略

专业权威形象能够突显品牌在某一领域中的领先地位，提升其权威性，并提高其可信赖度。比如国内某知名牙膏品牌,企业在产品宣传时就会强调其是由某医学机构认可并推荐使用的;另一国际知名牙膏品牌在系列广告宣传中,以一名中年牙科医生的人物形象向消费者介绍护齿知识和产品的防蛀功效等。这两款牙膏产品的专业权威性品牌形象已经深入消费者内心,品牌塑造得十分成功。

5. 质量管理策略

影响品牌形象的因素众多,包括产品的质量、功效、安全性、创新性、市场价格等,但最基本的因素还是产品的质量。日本的工业产品之所以形象良好,主要是得益于其注重品质管理。日本实施工业标准法,使得工业产品的品质有法律规范。日本工业规格周全且实用,不仅能满足经销商的要求,也考虑了广大消费者的权益,并间接提高了日本企业的品牌形象。品牌的质量管理至关重要,一些品牌虽然早已在广大消费者心目中树立了良好的形象,但如果发生产品质量问题,顷刻间便会颠覆品牌之前的良好形象。

6. 品牌形象代言人策略

在市场营销中所指的品牌形象代言人,是一些为企业或团体的营利性或公益性目标,而进行信息传播服务的特定人士。早在20世纪初期,某香皂品牌的印制广告宣传中就用了电影演员的照片。品牌利用形象代言人进行宣传,就可以提高品牌的知名度、认可度。消费者对品牌代言人的好感也会促进购买行为的发生,进而提高品牌的美誉度和消费者对品牌的忠诚度。

二、品牌营销的创新渠道

国内快消品市场竞争激烈,竞争形态也已发生了本质改变,从最初的以产品为基础的竞争上升为全方位的品牌竞争,品牌已经成为企业参加市场竞争的强大武器,所以品牌建设也成了企业发展的重要环节。企业的品牌营销可以从以下几方面进行创新。

(一)打造明星产品

什么是明星产品?明星产品是企业利润的重要增长点,对提高企业品牌价值起着至关重要的作用。它就像一把利剑,可以很快将市场划开一道缺口,从而使自己品牌的产品在市场上占有一席之地。明星产品对企业来说至关重要,特别是对中小企业,它能够决定企业的命运和前景。但是许多企业不懂得怎样打造明星产品,总想着以产品种类多取胜,结果就出现产品种类越多企业经营越艰难的状况。那么,怎样打造明星产品呢?塑造明星产品不可盲目进行,需要思考这样几方面的问题。

1.对应的市场容量相对要大

市场容量大是产品成为明星产品的基本因素之一,如方便面领域的市场容量就比较大,许多老品牌做得都已相当成熟,明星产品也层出不穷。但如果缺乏市场容量,那么即使产品做得再好,也只能是小众产品,无法成为明星产品,也无法成为企业利润增长点。

2.市场竞争相对要小

在打造明星产品时应尽可能远离竞争对手强大的市场去营销。比如某白酒品牌在营销前,进行了充分的市场调研,分析后发现我国的中、低档白酒市场竞争相对激烈,所以该品牌将其明星产品定位于市场竞争力相对较小的高档白酒市场上,于是获得了傲人业绩。

3.市场切入时机要适当

产品进入市场的时机不可超前,也不可太晚,比如某饮料品牌因为进入市场太早,虽然产品质量好,但因为其概念超前,最终从被市场淘汰。此外,企业在打造明星产品时也要考虑到两点:一是明星产品必须要和企业的发展策略高度一致,二是明星产品要和企业的综合能力相匹配。不少企业曾经也研制出了自己的明星产品,但由于没考虑到上述两点,最终使得明星产品还没出名就夭折了。

4.找准产品定位,做好产品包装

定位与包装都是打造明星产品的关键。许多产品失利的原因均与产品定位错误、包装不足有关。那么,怎样做好明星产品的定位和包装工作呢?

①准确区别。明星产品要定位精准,与同等品牌产品有明显区别。如在方便面市场

上，不同品牌的明星产品特色不同，有以"弹"面当作产品区分点的，有以"非油炸"当作产品的区分点的，都与其他品牌产品有明显不同，并以此获得了广大消费者认可。

②挖掘卖点。鲜明的卖点是把普通产品变成明星产品的基础，是引导消费者对产品产生认同感的关键。如为何如此多的女性消费者喜欢喝新鲜橙汁？因为它宣传了维生素在美容方面有一定效用。

③改造名称。明星产品的名字非常关键，从普通产品到明星产品也许就差一个好名字，一个好的名字能提升产品的档次，便于塑造良好的品牌形象。

④创新包装。包装就是产品的外衣，是展现产品形象和与消费者交流最直接的部分，好的产品包装会说话、会宣传。所以，对明星产品的包装进行创新也是十分必要的。

（二）创造市场领先

创造行业市场领先要比科技领先更关键，因为科技领先是行业市场领先的基础和保证，但掌握科技领先的产品品牌并不一定能领先于行业市场。在品牌建设中企业应注重行业市场的领先，当然也不可忽略科技的领先。"成为第一胜过做得更好"，对企业品牌建设来说也是如此，企业在品牌建设中要么做到市场第一，要么独辟蹊径，努力去做到市场唯一，不然就很难成功。

企业在提高品牌价值和进行品牌建设的过程中，为何要实现市场领先？因为市场领先就意味着高销售额和高收益率，意味着品牌具有良好的广告宣传效果，代表产品具有良好的规模效应，对销售商、消费者等而言代表企业具有最强的讨价还价能力。那么，企业在品牌建设中，怎样创造市场领先呢？

1.品类创新

品类创新是在原有产品类别和服务的基础上创新或开拓一个全新领域，以实现品牌或产品在所开拓市场中的独特性。品类创新在技术含量相对低的行业里运用得比较多，如快速消费品中成功的案例就比比皆是。

2.概念创新

品类的创新中通常都有概念创新的元素加入其中，而纯粹的概念创新往往是在不进行产品创新的基础上实现的。比如某饮料的卖点就是概念，因为产品的本身就是碳酸类饮品，所以当初企业为避免与另两个品牌竞争，并为了迅速提高产品的品牌价值，就赋予其某种概念。概念创新的目的就是迅速提高产品的品牌价值和销量。

3.技术创新

技术创新能够为市场领先创造条件，当然其中少不了技术概念性的东西。

4.价值创新

很多人都吃过某品牌的感冒药，该品牌的感冒药就是价值创新的经典代表。该产品不仅治感冒，同时还告诉你"白天吃白片不瞌睡，晚上吃黑片睡得香"，给消费者提供了方便，这实际上就是价值创造。

（三）进行概念聚焦

对品牌建设而言，再没什么比能有一个代表企业独特价值的概念深入消费者内心更重要了。但是在品牌建设的过程中，很多企业却不重视这一点，而是迷信优秀产品称号，如中国驰名商标等。但企业应该明白的是，这一类优秀称号不能完全代表企业品牌形象，因为当今的市场竞争并不只是产品本身的竞争，还是品质和概念的竞争。

清晰的品牌概念对品牌建设尤为重要。当品牌概念深深地印在消费者心里，甚至最后变成了品牌价值的代称，这样的品牌价值怎么会低呢？

那么，中小企业在品牌建设过程中应当怎样提炼和聚焦品牌概念呢？罗瑟·瑞夫斯提出了"独特的销售主张"理论，企业在建设品牌概念时可汲取他的一些经验，并遵守以下原则：品牌概念必须要独一无二，在业界内从不曾提出过；品牌概念必须要简单、清澈、易记等；品牌概念不能违背消费者意愿，对消费者要有一定的好处，要易于消费者理解和认同；品牌概念要有基础和支撑点，这样才会得到消费者认同，才能对消费者产生影响。

（四）集中优势

一般企业要想更快速地提高品牌影响力，在缺乏足够的技术力量时，就需要集中自己的各种资源优势，在某一个市场领域迅速做强。企业唯有集中资源优势将品牌做强，才能有高销量，规模才能壮大。那么，在实际操作中，企业应怎样集中资源优势发挥其最大效用？

1. 集中消费对象

集中消费对象是在市场调研的基础上，进一步细分市场，锁定目标消费群体，精确区分，以集中资源优势并快速占领市场。如某营养品牌正是通过这一策略，首先关注某一消费群体，明确提出主张，对目标市场集中竞争优势并展开猛攻，在短时间内就成了该目标市场营养礼品中的第一品牌。

2. 集中产品

产品是品牌建设的基础，是品牌和消费者之间互动的重要媒介。而企业产品的结构组成是否合理，直接影响对品牌的宣传。许多企业在产品宣传工作上都存在着或多或少的问题，如一些企业在拥有少则数十种，多则上百种产品，且宣传时没有主次之分。而实际上，营销效果好的品牌采取的多是产品集中原则。

3. 集中区域市场

在品牌的建设与运营过程中，如果缺乏足够的管理能力，最好不要进行"撒网"式营销，要学会重点"钓鱼"。最好是通过区域市场集中运营，精耕细作，建立稳固的市场据点，并打造强势的区域品牌，做强之后再做大。

当然，除了以上提到的，企业在品牌的运作过程中还可以进行集中广告、集中渠道、集中促销等。

第五章 定价策略

定价策略是市场营销活动的重要组成部分,价格对市场营销中的其他策略会产生很大影响,并与其他营销策略相结合共同作用于营销目标的实现。价格是企业参与竞争的重要手段,其合理性会直接影响企业产品的销量。由于价格对市场供求的影响存在某些不确定因素,因此营销活动中的定价策略必须以科学规律为依据,以实践为手段。

第一节 企业定价策略概述

一、企业定价策略的含义

企业定价策略是指企业在充分考虑影响价格的各种因素的基础上,为实现企业预期的价格目标所采取的策略。它不仅需要企业对生产成本进行核算、分析、控制与预测,同时需要企业针对各国法律政策、市场供求关系、消费者心态和竞争对手状况等各种因素进行评估和选择。企业制订价格策略时既要考虑生产成本的补偿价值,也要充分考虑消费者对价格的承受能力。

二、企业定价策略的分类

(一)阶段定价策略

阶段定价策略是指企业针对产品生命周期中各个阶段的销售特征,适当地提出差异化的销售价格,以保证产品竞争力并获得最佳收益的定价策略。现分述四种发展阶段所使用的定价策略。

1.引入期

引入期的产品生产批量小,生产单位成本也比较高,消费者对新产品的各项性能和优点都还不了解,同时产品销售量又相对较少,因此为了增长销量,就必须花费较高的广告宣传及其他营销费用。适用于此阶段的定价策略主要有撇脂定价策略、渗透定价策略、满意定价策略等。

2.成长期

成长期的产品特征为:产品生产的技术水平和主要经济技术指标均有待进一步提高,其质量水平也在稳步提高;产品的成本因大批量生产而有所降低;其市场竞争力进一步提高,企业在市场上处于较为主动的地位。在此阶段,通常采取的定价策略主要有低价定价策略、歧视定价策略。

3.成熟期

产品进入成熟期后,市场需求趋于饱和,且市场竞争也日趋白热化。企业为保持在市场竞争中的地位,通常采用逐步降价的方式提高企业的竞争力。在保证产品销售与服务水平的前提下,通过压低价格达到抑制竞争对手发展,保持企业产品销量的目的。

4.衰退期

产品步入衰退期以后,销量急剧下降,利润也相应减少。根据该阶段的特征,企业主要采用的策略为保持定价策略、驱逐价格策略。企业虽然在这一阶段采取了相应的定价策略,但并不能使产品生命周期得到延长。

（二）折扣定价策略

折扣定价策略是指企业为实现增加产品销量和节省成本的目的，按照各种交易方式、数量、时间和要求，在基本售价的基础上适当打折的定价策略。企业常用的折扣定价策略主要有批量折扣定价策略、季节性折扣定价策略、付现折扣定价策略、功能折扣定价策略等。

1.批量折扣定价策略

批量折扣定价策略也叫总量折扣定价策略，指的是销售企业对采购大量产品的消费者，按照其实际采购总量对其予以价格打折的定价策略。采取这种定价策略的原因是产品大量销售，能够加快资本周转，从而降低流通成本。销售企业把在大批量销售中获得的利益让渡给了消费者一部分，由此形成批量折扣定价策略。批量折扣定价策略分为累加总量折扣定价策略和非累加总量折扣定价策略。

①累加总量折扣定价策略又叫惠顾折扣，指的是在规定的时期内消费者购买产品达到规定的总量或金额时所给予的价格折扣。其目的就是促使消费者和销售企业建立长期稳定的客户关系，降低销售企业的风险。累加总量折扣定价策略适用于单位价值比较小、花色品种多且不易一次性大量采购的产品上。

②非累加总量折扣定价策略又叫一次性数量折扣，即消费者一次性购入的产品达到了规定数量或金额后所给予的价格折扣。一次性购买的数量越大，打折的幅度也越大。其目的就是促进消费者增加采购的总量或数额，从而提高销售企业的规模效益，降低成本。制订批量折扣定价策略，企业应当充分考虑这样一些问题：合理确定实施批量折扣定价策略的时间起点、合理划定批量折扣的档次、合理确定各档次的批量折扣率。

2.季节性折扣定价策略

季节性折扣定价策略是指制造或经营季节性产品的企业，对在消费淡季购入产品的消费者予以相应价格折扣。此定价策略对企业均衡生产、平衡产品销量具有重要意义。中小企业在实行季节折扣定价策略时，要注意以下两点：一是确定折扣幅度；二是确定开始实行折扣策略的具体日期。总之，企业应当以获得最佳效益为主来进行企业的季节性折扣定价策略。

3.付现折扣定价策略

付现折扣定价策略又称现金折扣策略,指的是企业对消费者用现金支付或在规定的期限内交付款项而予以相应折扣的定价策略。企业实行此策略的目的就是促使消费者提前交付款项,以促进企业资金周转,降低信用风险,减少过期账款。付现折扣定价策略是一个比较好的解决信用关系问题的方式,在西方等发达国家也是一种很普遍的商业结算方法。如规定消费者在十五天以内支付所有款项,可以给予百分之三的定价折扣;十五天之后,三十天之内,将不能享有该折扣;超出三十天,则需要承担相应的利息。企业在实行付现折扣策略时必须注意解决三个问题:一是付现打折比例的设定;二是给予折扣的时间限定;三是支付时间的限定。

4.功能折扣定价策略

功能折扣定价策略又叫交易折扣定价策略,指的是生产企业给予销售企业的定价折扣。它的实质是生产企业为在流通渠道中实现产品销售而补贴给销售企业用来进行宣传推广的费用。但一般来说,生产企业给批发商的功能折扣通常要大于给零售商的功能折扣。因此,生产企业在设定功能折扣定价策略时,应当具体问题具体分析,灵活把握,以达到功能折扣的目的。

(三)心理定价策略

心理定价策略是企业针对消费者的心理特点,为满足消费者的心理需求,所采取的定价策略。消费者的心理对企业定价策略具有很大的影响。企业在进行产品定价时,应从市场心理学角度研究价格的变动及其对消费者购买活动的影响,了解消费者的心理动态,从而定出符合消费者心理特点的产品价格。企业常用的心理定价策略包括:整数与非整数定价策略、声望定价策略、招徕定价策略、习惯定价策略、安全定价策略等。

1.整数与非整数定价策略

整数与非整数定价策略是典型的心理定价策略,该策略利用消费者对价格的感受、认知的差异,定出可以刺激其购物欲的合理价格。整数定价策略是指企业将产品价格凑成整十、整百、整千等,不留零头。通过这种方法给消费者以提高消费层次的感觉,并以此满足消费者自尊的心理需求。而非整数定价策略则是指企业对产品定出有零有整的合理价格。这种定价策略既有助于给人以产品定价准确的感觉，又能够满足现代消费者对物美价廉产品的心理需求。

2. 声望定价策略

声望定价策略是指企业为了迎合消费者追求品牌产品的心理需求，利用产品在消费者心目中的良好信誉，将产品价格定得高于同类普通产品的一种策略。选择声望定价策略时，要小心处理声望类产品和普通产品之间的价格差额幅度。另外，还要注重保持和提高声望类产品的质量，并做好售后服务工作，以巩固此类产品在广大消费者心目中的良好信誉。

3. 招徕定价策略

招徕定价策略是指企业利用消费者的求便宜心理和从众心理，有意识地降低一些产品的售价，以吸引消费者的定价策略。实行招徕定价策略的产品也就是人们平时所说的特价产品，它是可以对消费者产生吸引力的产品。有吸引力的产品再加上有吸引力的价格，很快就会吸引消费者购买。

4. 习惯定价策略

习惯定价策略是指针对消费者形成的对某种产品的稳定性价值评估所提出的定价策略。由于实行习惯定价策略的产品通常是一些生活必需品，且是在日常生活中使用频率比较高的产品，因此企业就应该保持这些产品价格的稳定性，避免由于价格波动对消费需求造成负面影响。

5. 安全定价策略

安全定价策略是指企业为了消除消费者在选择大件产品或贵重、耐用产品时产生的不安全感而采用的一种定价策略。消费者在选择大件或贵重、耐用产品时，通常对产品的可靠性、配送、安装与保养维修等问题顾虑较多，企业一旦对这些问题给出令人满意的答复，就会大大减少消费者的顾虑，从而提高其购物意愿。所以，企业应提供配送上门服务、质保期免费维修等多种售后服务形式，让消费者安心地选购、使用产品，增强其购买的安全感，并以此带动产品的销量。

（四）地域定价策略

地域定价策略是企业根据产品的供求情况和消费者所在的地理位置，对各个地域的消费者予以相应价格优惠的定价策略。其目的就是扩大市场占有率，增加产品销量，提高企业的经济效益。地域定价策略主要包括以下几种。

1.市场开发的地域定价策略

市场开发的地域定价策略是指企业为扩大产品的市场占有率，对不同地理位置的消费者实行不同的定价策略。但因为消费习惯和产品种类等方面存在差异，企业在各个区域的市场上，可能会面临不同的供求和竞争情况。所以，企业应该在调研的基础上，针对各个区域市场的需求和竞争对手情况，给予消费者不同的优惠力度。总之，开发市场的地域定价策略是一个比较灵活的定价策略，按照营销策略目标，在各个区域定价可以相同，也可以不同。

2.运费补偿的地域定价策略

运费补偿的地域定价策略指的是企业为了吸引异地的消费者选购本企业的产品，而对异地的消费者根据产品运送时产生的费用和风险程度，予以不同价格补贴的一种定价策略。运费补偿的地域定价策略包括统一运输定价、分区定价、运费补偿等。

3.地区性定价策略

地区性定价策略是指对销售给不同地区客户的产品，采用相同定价或不同定价的策略。也就是说，企业要选择是否实行区域差别定价。地区性定价策略包括离岸定价、统一交货定价、分区定价等。

（五）组合产品定价策略

企业可以将具有一定关联的产品组合到一起，分成不同的组，给出不同的售价，用一组产品的价格吸引消费者，达到增加产品销量的目的。组合产品定价策略包括产品线定价策略、互补产品定价策略、成套产品定价策略。以上三种组合产品定价策略都是十分关键的定价策略，企业在实践中要灵活运用，配合使用，使企业实现产品组合的目的，提高效益。

三、影响企业定价的因素

产品的价格直接关系到企业的财务收入状况和利润率。一家企业的产品再好，销售渠道再顺畅，一旦在产品定价方面出现严重的错误，就会给企业造成难以挽回的经济损失。所以，企业管理者应该在营销活动中注意研究和使用各种定价策略。影响企业定价的因素有很多，大致包括定价目标、生产成本、市场需求、市场竞争、政策法规、消费者心理和其他各种因素等。

（一）定价目标

企业在制造产品和提供服务时对产品的价格有所预期，这是企业要实现的经营目标。保本是企业的最低要求，但是一般产品的价格并不会降到最低要求，除非是企业需要达到一定的业务目的，例如加大新产品的市场推广力度，或者提高企业知名度等。

产品营销环境与竞争对手情况的不同也会造成产品价格与企业预期价格存在差异。企业在市场发展的不同阶段也会产生不同的价格预期，所以，企业不是凭空制定价格目标，而是很严格地根据企业的业务目标和市场定位进行定价。

（二）生产成本

影响企业生产成本的因素有很多，如企业的地理位置、交通状况、自然资源条件等都是影响企业生产成本的宏观原因；企业的劳动生产率、技术水平等都是影响企业生产成本的微观原因。

产品的成本一般分为生产成本、营销成本、物流成本和机会成本。生产成本是产品价格最基础、最关键的因素，也是产品价格的最低限度。由于所有产品的制造过程都会消耗大量的人力、物力，而企业又是以营利为主要目的的，这也就决定了企业必须要从产品中获取除成本收入以外的收益。如此，企业的生产经营活动才可以继续下去。在通常情况下，产品的生产成本越高，售价也就越高。

（三）市场需求

市场需求也是企业进行产品定价需要考量的重要因素，是产品价格的上限。通常来讲，产品价格和需求之间成反比关系。当产品价格超过市场平均水平时，产品的市场需求量就会因为价格的提高而减少，导致大量产品积压；反之，市场需求量则会因为价格的下降而增加，导致产品供应紧张。不过，也有部分产品的市场需求与价格之间成正比关系，如对奢侈品和有价值的艺术收藏品的需求等。产品的定价会影响市场供求关系，同时，市场需求对产品定价也具有重要的反作用。

（四）市场竞争

市场经济要遵循优胜劣汰的法则。在激烈的市场竞争中，哪个产品的价格优势突出，哪个产品的市场占有率就大。所以，企业应该重视市场竞争中的定价策略。合理而有效的定价策略会为企业带来活力与生存发展的空间，一旦在定价方面出现失误，会直接影响企业的经济效益，甚至影响企业的生存。

企业的定价策略是企业基于自身条件和市场竞争环境，从产品发展角度综合研究市场环境的价格动态变化情况，选择对生产业务发展最有利的价格量度和价格形式而制定的价格策略。企业定价时需要考虑竞争对手的产品价格和价值。一般来说，如果企业的产品质量与竞争对手的同类产品相当，则二者的价格应当相差不多；如果企业的产品质量不如竞争对手，那企业应当适当降低产品的价格；如果企业的产品质量高于竞争对手，那么价格可以定高一些。

（五）政策法规

企业定价也会受政策和行政手段的影响。目前我国的政策法规对产品的定价与调整均有具体的规范。如禁止价格垄断、禁止价格欺诈、禁止价格歧视和禁止低价倾销等。政府部门为维持经济秩序，可能会采取立法或其他途径对企业的定价进行干预。政府部门的定价干预手段主要包括规定毛利率，规定最高、最低限价，限制产品价格的浮动幅度或实行定价补贴等。

（六）消费者心理

消费者在消费过程中会出现各种错综复杂的心理，并影响或支配消费者的消费决定，所以产品定价必须要充分考虑消费者的心理因素。尽管价格有客观标准，产品的实际价值也以产品的客观市场价值为基础，但是在快速发展的现代社会，由于决定产品市场价值的社会必要劳动时间变幻莫测，因此消费者本身并不能够掌握每一种产品的实际价值。这样一来，消费者对产品价格的理解与判断受产品实际价值的影响逐渐减少，而受其在长时间的消费实践过程中感受到的产品社会价值的影响逐渐增多。所以，掌握消费者的价格心理，并针对这种心理制定产品的价格策略，是企业取胜的关键。

企业在为产品定价时，要在充分考虑成本、竞争、市场供求的基础上，顺应消费者的心理需求，确定最合理的价格。

（七）其他因素

企业有时还需要按照企业理念与在形象设计上的要求，对价格进行调控。而企业也会在这一过程中考虑消费者，关心合作伙伴，维护公共秩序等，以赢得社会各界支持和认可。如企业为塑造热心公益的企业形象，会把一些与公益相关的产品的价格定得相对较低；或者为了塑造高端的企业形象，把一些产品价格定得比较高等。

当今企业在定价时基本都以传统的价格策略为主。随着经济发展，企业的定价策略出现随意性强、没有合理的定价目标等方面的问题。企业需要抓住机遇，全面了解影响企业定价的各种因素，制定出科学合理的价格策略，从而使企业在激烈的市场竞争中取得长期和高质量的发展。

四、网络营销的差别定价与风险防范

网络营销是为实现企业总体经营目标所进行的，以互联网为基本手段，营造网上经营环境并利用数字化信息和网络媒体的交互性来辅助营销目标实现的市场营销模式。网络营销能使消费者参与市场营销的全过程，面向的是越来越个性化和多样化的消费需求。

企业从事网络营销的主要目的就是在满足消费者需求的同时，获得足够大的获利空间。为达到这种目标，企业在将某种产品推向市场进行营销活动时，既可以采取统一定价，即对所有消费者均按同一价格售卖产品；也可以采用相反的方式，对不同的消费者进行差别定价销售，这也是网络营销中的一个基本定价策略。

（一）差别定价

差别定价指企业按照两种或两种以上的价格销售一种产品或一项服务。差别定价的定义是由英国经济学家阿瑟·塞西尔·庇古首先提出的，他按照消费程度把产品价格划分为三类：一级、二级和三级差别定价。一级差别定价，也叫完全差别定价，它根据每位消费者对单位产品的最高愿付价格来定价。在这个价格下，消费者并不能获得消费者剩余，也就是说消费者在购买产品时，支付的是他能够接受的最高售价。此时，企业已经成功获得了全部消费者剩余。所谓二级差别定价，是指企业按照消费者不同的购买量对其进行分组，从而对不同组别的消费者收取不同价格的定价方法。因为有关消费者个人偏好的信息不完整，企业可以利用消费者的自主选择不完全地掌握消费者剩余，这可能面向相同消费者，也可能面向不同消费者。三级差别定价指企业根据不同消费者所在的市场区域进行定价。企业可以观测到一些和消费者喜好相关的信息，如年龄段、职位、工作地点等，可以运用这些信息进行差别定价。二级与三级差别定价的主要区别在于，后者利用了基于消费需求的直观信息，而前者则利用了消费者的自主选择来间接地区分消费者。差别定价在人们的生活中也十分常见，如消费者使用超市提供的会员卡或积分券，便可购买到低价货物；而提前通过旅行社预定的车票价格和即买即走的车票价格要便宜一些。差别定价已成为现代市场营销中一种十分普遍的定价策略。

（二）网络营销实施差别定价的原因

企业经营的主要目的就是在满足消费者需要的同时，尽量多地获取收益，网络营销也不例外。实行差别定价能够让企业占有消费者剩余，从而将其转化为自己的收益。不同的消费者在选择产品时，各自的需求和消费实力有所不同，再加上其他原因，导致他们能够接受的最高价格存在差异。按照消费者不同提出不同的价格，就能从不同类别的消费者那里分别实现利润最大化。所以，实行差别定价就能够比统一定价取得更多的收益。网络营销因网络的高度互动性，使得企业更容易掌握有关消费者的信息，并由此提出差别定价，也就是说，网络营销较之于传统销售方式更具备实行差别定价的条件。

能够获得更大的收益是网络营销实行差别定价的根本原因。不过虽然差别定价可以使企业获取更大的收益，但企业如果经营不符合市场要求，不注意风险防范，就很难取得成功，轻则破坏企业信誉，重则有可能使企业倒闭。

（三）网络营销实行差别定价的条件

1.存在细分市场

网络营销所进入的市场一定是可以细分的，并且不同的细分市场须有不同的需求程度。市场细分的手段很多，主要通过地域范围、消费者的职业、收入等因素进行划分。

2.产品无法转售

以较低价格购得某产品的消费者，没有机会以更高价格将该产品转卖给他人。转售是消费者的一种套利交易形式，如果消费者可以转售产品，即使是一个掌握了充分信息的企业也无法对消费者实行差别定价。

3.产品无法进行低价竞销

当网络营销者采用差别定价的策略推销产品时，竞争对手没有机会在这个市场上进行低价竞销。假如竞争对手能够以更低廉的价格在这个市场上竞争，那么消费者通常都会选择购买竞争对手的产品。

4.营销成本低

网络营销实行差别定价时细分市场和管理市场的成本不能超出由于实行差别定价而产生的额外收入。

5.符合消费者意愿

网络营销采取差别定价不能造成消费者的反感与敌意，否则消费者有可能放弃购买，由此导致消费者流失，影响销量。

6.合乎法律法规

网络营销采取的差别定价方法不能违背《中华人民共和国价格法》等法律法规。因为法律法规中对差别定价的规定留有空间，并且规定了只有当差别定价的对象是具有竞争关系的用户时才能被看作违法，所以通过网络营销实行差别定价也应当在合乎法律法规的范围内进行。

（四）网络营销实行差别定价的风险与防范

差别定价尽管在理论上能够获得消费者剩余，但在实行过程中却存在一定的风险。如果消费者知道企业可以利用互联网获取他们的个人信息用以实行差别定价，那么消费者就可能提供虚假的个人信息。如果消费者得知企业会根据其收入差别定价，那就有可能隐瞒自己的实际收入。在这种情况下，企业基于虚假信息进行的差别定价，无法取得预想的收益。所以，企业如果决定采取差别定价策略，选用相应的定价方案就十分重要。

1.通过增加产品附加服务形成差异化的竞争力

产品主要由三个部分组成，即核心产品、形式产品和附加产品。在竞争激烈的今天，由于各个企业在前两个部分的竞争力在伯仲之间，所以获取竞争优势就主要依靠附加产品，即产品附加服务，而通过增加产品附加服务就可以让核心产品更加个性化，形成差异化的竞争力，也可以有效避免消费者转售套利。

2.同批量定制的产品策略相结合

网络营销让批量定制变为可能，定制弱化了产品之间的相似性，而且能够提高企业价格制定者的地位。因为产品的差异弱化了可比性，消费者也就容易接受差别定价的方式。

3.采取捆绑定价的方法

捆绑定价是一个非常有效的差别定价方法，而且捆绑还拥有创造新产品的功能，能够弱化产品之间的可比性。

4.将产品分为不同的版本

该方案针对固定生产成本极高、边际生产成本非常低的信息类产品更为有效，而这类产品正好是目前网络营销的主要品种。

网络营销和传统营销都需要达到一定的市场营销目标,这就需要采取适宜的价格策略。而相比于统一价格,差别定价能够获取更大的收益,而网络营销则为实行差别定价创造了良好的前提条件。与此同时,网络的互动性又使得消费者获取信息的能力提高,使得网络营销在实行差别定价的过程中也面临着一定的经营风险。企业在进行差别定价的过程中,应当注意选择适当的方式防范经营风险。

第二节 文化产品的定价策略

文化产品和其他产品一样具有价值,但是实现价值的方式有所不同。普通产品在市场上进行普通产品交易,用价格来表现价值;而因文化产品的外部性,其价值不能够完全通过市场价格表现出来。

一、文化产品的价值构成与性质

（一）文化产品的价值构成

文化产品指的是符合人们精神需求,并且主要用于交换的文化物品或服务。从文化产品本身出发,可以将文化产品的价值分为三部分,即主体价值、载体价值和转化价值。

1.主体价值

文化产品生产者的劳动是文化产品价值的决定因素。在文化产品生产过程中直接投入的劳动所创造的价值,就是文化产品价值中的主体价值。而这部分价值在整个文化产品价值结构中占有突出位置,如果脱离了这部分价值,文化产品其余价值就无所依存。

2.载体价值

载体价值是指文化产品所依附产品的价值,如书籍的纸张价值。载体价值在文化产品的价值中所占比例虽然很小,但没有了它,文化产品的价值也就不存在了。但同样,它也是整个文化产品价值的一部分,提高载体价值就能够提高文化产品的总价值。

3.转化价值

转化价值指文化产品在生产、使用的过程中从生产者、生产设备得到的转移价值。文化产品在使用过程中,也可以获得使用者转移过来的价值。文化产品的价值会不断转移,这也是文化产品区别于一般产品的本质特征。当然,文化产品的价值也并非总是只增不减的,当文化产品获得了转移价值时,其本身的价值也在不断地向外转移。在这个过程中,文化产品价值构成的各部分之间的比例也会不断地改变,文化价值会不断地增加,载体价值会不断减少,知识价值会发生流动与转移,从而促使文化产品中的知识价值发挥巨大作用,生产出更先进的知识。

(二)文化产品的性质

1.具有市场性与非市场性

有的文化产品是人们生产出来用于交换的劳动产品,能够进入市场并赢利,如电影等;但有的文化产品是作为公用物资被提供的,不能进入市场,也不是为了获利,如博物馆等。

2.价值具有非消耗性

文化产品的消费方式更多地表现为欣赏,人们所消耗的是知识、文化、艺术的物质载体,但其文化价值非但不会消耗,反而会在人们的情感共鸣中变得越来越丰富。一篇杰出的文学作品、一部成功的影视作品,都可以采用复制、翻拍等方式不断地扩大其社会影响,从而提高其自身价值。

3.效用和价值难以衡量

因为文化差异,人们对同一个文化产品的评价也会产生较大差异,所以文化产品的实际效用也很难直接衡量,更没有统一的社会平均必要劳动量作为标准来测定文化产品的价值。人们通常所说的一本书卖了多少钱,指的是其经济价值,而非其文化价值。

4.易传播性

光盘、网络等新型载体的出现,使文化产品的传播变得迅速而广泛,也使文化产品被复制与抄袭变得更加容易。

二、影响文化产品定价的主要因素

（一）成本费用

文化产品的物质成本很低，例如一张光盘的物质成本才几块钱，市场售价却是几十元，因此文化产业吸引了很多投资者的目光。由此可以发现：第一，与传统产业相比，文化产业的物质成本很低；第二，由于文化产业的物质成本低，投资者对新兴的文化产业趋之若鹜。文化产品若要实现价值，它的生产成本就应该具有可计量性，虽然文化价值无法计量，但还可以在文化价值以外，找到合理的判断计量标准。

目前文化产品的成本主要在于硬件的成本，比如光盘、图书的纸张和装帧等的成本，这都是很容易计量的。至于软件方面的计量，也可以根据市场需求这一可变因素来进行。这样虽然无法精确计量，但起码反映了市场对产品质量和产品结构的选择，还为投资者实现利润留下了一定的空间，价格大体上也是可估量的。如计量一本书的价值，除了纸张印制等硬件成本外，可按照消费者的实际需求量，由出版社支付给作者版费和稿酬，同时也留下一定的利润空间。

（二）市场供求

市场上产品交换价值的实现主要受供求关系的直接影响。供大于求，竞争激烈，会使产品以低于自身交换价值的价格让渡；而供小于求，则产品会以高于自身交换价值的价格让渡。文化产品交换价值的实现在实际交换的过程中也是如此。但是，因为文化产品的社会必要劳动投入不明确，所以文化产品交换时的价值基础不稳固，文化产品的价格更易受到供求关系的直接影响，价格背离价值的幅度更大。这就是文化产品容易出现投机、哄抬、杀价等现象的重要原因。

（三）产品质量

产品质量也就是产品性能的好坏，文化产品在这方面表现得并不突出，但现在许多文化产品在研发时往往脱离了实际，生产者突发奇想，不深入市场进行调研，不研究消费者心理，闭门造车，使得文化产品与市场需求相距甚远，导致文化产品的定价偏低或极低。所以，发展文化产业要求生产者不但要了解文化产品，还要掌握更多的经营管理知识，提高自身的经营管理能力。如此，才能真正把文化产品经营好、管理好，进而生产出更多、更好的为人们所喜闻乐见的文化产品，提高文化产品的价格。

（四）政府的投资政策及法律法规

文化产业化并非将已有的文化产品简单地投放到市场中，而是需要政府的政策支持，让文化产业健康地发展下去，这是由文化产品本身区别于一般产品的特点决定的。

文化产品具有公共产品的性质。所以，市场机制在调节文化产品的供给与需求时不完全有效。文化产品具有强大的外部性，如博物馆收藏品的陈列与展出，就能够带动旅游业等行业的发展，从而增加就业机会。与文化产业的外部性有着紧密联系的是，文化活动能够对其他经济活动产生乘数效应，如政府的一项文化支出将有机会引起交通收入增长、宾馆收入增长和饭店收入增长。

文化艺术活动的投入与产出和科学技术方面的投入与产出一样，是一项具有高风险的投资活动。从普遍性角度考虑，文化产品方面的高投入能够带来高产出，但是具体到某一类文化产品的投入与产出时，因为存在相当程度的不确定性，而私人在其中的投入往往是不充分的，所以需要政府部门的支持，使文化产品的产出与经济发展相适应。

文化产品如果仅通过市场机制来配置资源，很可能会造成文化产品的投入不足，所以政府部门的介入是十分必要的。政府部门的介入能够规范整个文化市场的运行，解决外部性很强的文化产品的供求矛盾，进而使得生产者在较低的定价策略下，可以通过文化产品的外部性，获得更大的利润。

（五）人们的收入水平

人们的收入水平主要反映了其对各种产品的支付能力，而人们的需求又有着明显的层次性。从需求发展的一般规律来看，人们的需求首先是满足生存需求的生活必需品，然后在满足生存需求的基础上，逐层递进，产生对满足享受需要和发展需要的各种产品的需求。由于人们的文化需求总是处于享受需要和发展需要的层次，所以人们对文化产品的需求也就必然随着收入水平的变化而发生变化。而文化产品的价格受文化产品需求的影响，因此文化产品的价格与人们的收入有一定的关系。

（六）人们的文化素质

人们的文化素质和其对文化产品的需求有着密不可分的联系，它们之间存在一种递进的关系，文化产品的特点决定了其主要处于人们享受需要和发展需要的层次。人们的文化素质越高，其追求个人素质全面发展的意识和欲望也就越强，所以其对文化产品的需求量也就越大。此外，文化产品的消费与物质产品的消费不同的地方是它需要大量的人力资本投入。文化产品的消费者需要拥有相当程度的人力资本，其消费能力的培养也需要一定专有知识的积累。文化产品需求的提高需要文化教育的普及。

（七）文化基础设施的建设

文化基础设施是影响文化产品需求不能忽略的因素。加强文化设施的建设，可以有效地带动文化产品需求的增长，特别是在广大农村地区，文化基础设施不足，限制了文化产品需求的满足和增长。

（八）人们的闲暇时间

闲暇是人们进行文化产品消费的基本条件之一，因为人们的文化产品消费一般都是安排在闲暇时间的。这样，人们所拥有的闲暇时间的多少也将直接影响到文化产品需要的数量。一般来说，随着人们闲暇时间的增多，其对文化产品需求的数量也就会增加。此外，节假日或闲暇时间比较集中的时候，常常会形成人们对文化产品需求的高峰。在农村地区，因为农业生产的季节性，人们对文化产品需求数量的变化更明显。

三、文化产品的定价策略

（一）文化产品的定价要以消费者为价值导向

如果赚钱是企业唯一的目标的话，社会就没有充分的理由去支持企业。社会支持企业是因为企业能满足社会成员的需求，能为社会成员服务。根据消费者的需要来确定文化产品的定价策略，就可以形成一个高效率的价格体系。消费者行为学将消费者分成三部分，即使用者、购买者、付款者。这里重点说的是付款者，也就是通常所说的消费决策者，要制定出合理的定价策略就必须围绕付款者进行研究，因为企业往往无法从一次性消费者身上赚到钱。当付款者感觉到其所得到的实际价值和他所花费的金钱、时间等相平衡甚至有所超出时，企业才能赢得他们的下次光顾和忠诚。

（二）应为文化产业提供法律保障

要针对文化产业的特殊性出台相关法律法规。文化产业能否健康发展，能否在追求利益的同时兼顾社会效益，并不取决于文化产业本身。在商业经营中，谁都可以为了追逐利润，八仙过海各显神通，但前提是必须遵纪守法。这就需要政府部门对文化产业加大管理力度，通过一系列的法律法规规范文化产业经营者的利益行为。在文化产业发展过程中，凡是合法合规的，应适时予以肯定和保障；凡是违法乱纪的，则要坚决予以打击和取缔。同时，政府部门应该积极修订不适应市场经济发展规律的法律和法规。此外，一些给予文化产业的支持政策和措施也应得到有效落实，这样才能推动文化产业的发展壮大，也唯有如此，文化产品的经营者才能科学运用定价策略，增强产品的市场竞争力。

（三）根据文化产品的特殊性，制定相应的定价策略

根据文化产品的特殊性，制定相应的定价策略。一是要改变人们对文化产品的看法。对文化产品，要由承认其具有单一的精神产品属性转变为承认其具有精神产品与物质产品两种属性。二是要转变"文化都应该是公益事业"的观点，让文化产品真正进入市场。

选准文化定价策略的切入口，调整文化产品定位。因为文化产品存在市场性与非市场性两个方面的特征，而且效用与价值难以确定，所以其价格就有可能与成本有所偏差。例如，一部电影的电影票定价主要是根据目标消费者对电影的预期，在经过成功的商业宣传之后，它的票房收入就有可能超过其制作成本许多倍。但对一家博物馆而言，由于其主要考虑的是怎样才能够给更多的人提供欣赏的机会，所以它的门票定价可能会低于成本。因此，文化产品不应该根据它的制作成本定价，而应该按照其需求导向定价。我国的文化产品定价应该从实际出发，根据社会需要和个人需要，以市场调节为主，国家和社会各机构调控为辅，兼顾各地区、各阶层人们的不同情况进行合理定价。

（四）加强文化产品的管理

文化产品虽然有其特殊性，但不能违背一般产品的管理规律。进行文化产品管理，首先要做好产品定位工作。在了解市场需求的基础上，明确产品的属性、目标消费者，并掌握消费者的欣赏习惯。其次要认真进行文化产品的经营管理工作。了解本企业的核心专长，并有效控制成本，保证产品质量。最后要制定一系列营销策略。找准产品卖点，制定有效的定价策略，采取各种宣传、推销措施等。在文化产品的成本构成中，文化产品的营销成本比重最大，强有力的宣传对文化产品快速而广泛地被公众了解与接受是十分必要的。对我国的文化企业来说，一方面应该采取直销、代理、合作销售等多种方式，扩展文化产品传播的渠道网络；另一方面，应该理顺企业的宣传渠道，整合渠道资源，使不同渠道之间相互协调配合，尽量减少中间商，进而降低成本，制定出更合理的产品价格，将更多的实惠带给消费者。

（五）准许其他行业介入

文化产业是一个涵盖多种产业的现代产业群。要改变我国文化产业的发展现状，单纯依靠政府管理是不够的，还要强调集体责任。全面整合社会资源，完善以文化投资主体多元化为核心的文化产业政策体系，能够促进文化产业全面发展。应逐步开放并最终允许非文化系统的各企事业单位和社会组织共同参与和经营文化产业。文化产业得到充足的资源，实现定制化生产，能够大大降低文化产品的成本，形成一条综合多方面优势的价值链，为制定出具有国际优势的文化产品定价策略提供保障。

（六）以人为本，培养文化产业的相关人才

文化产业的竞争，其实就是人才的竞争。这里所谓的人才不单指与文化娱乐事业有关的人才，还指具有文化产品经营能力的人才。为了给文化产业化提供强有力的人才保障，要实行"以人为本"的人才管理模式。一方面，要完善文化娱乐人才培养制度，积极培养文化娱乐人才，为文化产业的发展积累宝贵的人才资源，从而提高文化产业的发展质量。另一方面，要有计划地培养既懂得文化娱乐，又擅长经营管理的人才。唯有如此，才能保证文化产品的质量，确保文化产品能真正地体现产品价值，进而保证定价策略的合理化、科学化。

（七）"金字塔"定价法

"金字塔"定价法是从消费者价值方面考虑的，从文化需求的角度出发，认为消费者文化需求的形成既取决于他们的物质生活水平，也取决于他们的精神文化素质。人们的物质生活水平和文化水平影响社会的文化需求。金字塔式的财富分布结构和文化分布结构，必然形成一种金字塔式的文化需求结构。金字塔底层的大多数人物质生活水平低、文化水平低，人均文化需求量并不多，但是因为人数众多，会在总体上形成对较低层次文化产品的大量需求。因此，应根据人们的不同物质生活水平和文化水平，提出一个与各阶层相符合的文化产品定价策略，并进行市场细分。低收入消费者需要文化产品的实际功能，并且对价格非常敏感，所以对其出售的应该是实用性强的低价格文化产品；对中等收入的消费者来说，其追求时尚性与唯美性，并且具有一定的支付能力，所以对其出售的文化产品定价可以较低收入消费者高一些；而少数高收入消费者注重人文性与审美性，更关注文化产品的品牌、质量、服务，所以应该给他们制定一种高定价策略。

从金字塔底向上看，物质财富分布的金字塔与文化分布的金字塔并不完全重合，存在着在经济上很富有但文化水平不高与文化水平很高但在经济上却不富有两种完全不同的情况。前者尽管在经济上有条件满足精神文化需求，但因为文化水平不高，也就只能产生较低层次的文化需求；而后者尽管有很高的文化水平，也可以产生较高层次的文

化需求，但因为在经济上还不够富有，所以他们的精神文化需求在数量上就受到了一定限制。

由此可见，由物质生活水平和精神文化水平所决定的社会文化需求结构本身就包含文化产品在市场交换中的文化价值与交换价值背离的情况。所以，文化产品定价策略是个动态的过程，要与时俱进，制定出不同的定价策略。

第六章　营销策略与营销渠道管理

第一节　企业的营销策略

一、营销策略概述

营销策略是企业根据自身内部条件和外部竞争状况所确定的关于选择和占领目标市场的策略，合理制定营销策略能给企业创造利润。营销策略的主要目的就在于提高产品销量，为企业创造巨大经济效益。

二、营销策略实施方案

营销方案是企业制定营销策略的基础。一个营销方案，通常应包括市场管理、折扣、结算、营销奖励等营销策略项目。其中，市场管理是对产品市场秩序的管理。它可以分为市场秩序管理和市场价格管理。市场秩序管理措施中常用的手段有：撤销销售商资质、限量供应、处罚、提价、营销支持、终止合同等。市场价格管理则是为了确保产品的市场价格平稳，但允许存在合理的价差。一般企业会严格规定畅销产品一、二、三级差别定价的最低售价。结算一般分为现金、赊销、铺底、承兑汇票等。在结算条款中要鼓励经销商采用现款现货的方式,并给出折扣作为奖励。许多企业在回款方面很头痛,不少销售人员在完成回款指标方面的表现并不如人意,其原因就是没有发挥营销策略的指导性作用。

三、营销策略中常见的销售方式

(一)直销

直销是指企业将所生产的产品直接销售给最终的目标市场(消费者),不经过其他中间商的营销方式。企业直销既可通过专卖店或特许经营连锁店铺进行,也可自行寻找零售商,形成店中店或专柜直销。直销可以减少营销环节,降低销售价格,并能使企业得到更准确的市场信息。因此直销往往是企业营销策略中常用的销售方式之一。

(二)代销

代销是指企业将所生产的产品或自身的主营产品委托给其他中间商代理销售。代理商并不承担资金投入和销售风险,只按协议领取代理佣金。代理销售应以商业信誉为基础,在互利互助原则下谋求发展。

(三)经销

经销是指经销商向工业企业买断产品,并开展商业经营的销售方式。经销商根据产品市场分配,构建起科学合理、风险共担、利润共享的合作伙伴关系。

(四)经纪销售

经纪销售是指企业和经销商之间通过经纪人或经纪公司交流消息,并进行产品买卖的销售方式。经纪方不直接管理产品,更不承受经营风险,只是通过为供、销双方牵线搭桥来获取报酬。

（五）联合营销

联合是指由两个或两个以上经营单位按照自愿互利的原则，根据相应的协议或合同，共同投资成立联合经营机构，联合经营某种销售业务，按照投资比例或约定的比例分配产品销售效益。联合各方共同享有产品的所有权。

第二节 营销渠道策略与模式

在企业营销渠道一定的情况下，进行渠道管理，一方面能够合理地控制企业的市场营销成本，另一方面能够加强各渠道间的协作，减少渠道间的矛盾，实现企业的营销目标。所以，渠道的管理工作对降低企业经营成本，增强企业实力，完成企业发展规划具有重要意义。

一、营销渠道的类型

（一）直接渠道与间接渠道

根据企业的活动是否有中间商介入，可将渠道分为直接渠道与间接渠道。直接渠道也称零层渠道，即生产者可以不经过任何中间商，直接将产品销售给消费者；间接渠道是指将产品从生产者向消费者传递过程中，要经过一个或一个以上的中间商。

（二）长渠道与短渠道

根据产品流通环节或层级的多少，可将营销渠道分为长渠道或与渠道。通常，产品从生产者到消费者的过程中仅经过一个中间环节的渠道叫短渠道，经过一个以上中间环节的渠道叫长渠道。

（三）宽渠道与窄渠道

按照生产者选择的中间商数量，可将营销渠道分为宽渠道与窄渠道。宽渠道是指生产者同时选择两个以上的中间商销售产品；窄渠道是指生产者在某一地区或某一市场中仅选择一个中间商为自己销售产品，进行独家营销。

（四）单渠道与多渠道

根据生产者所选择的营销渠道种类的多少，可将营销渠道分为单渠道与多渠道。单渠道是指生产者通过同一个营销渠道销售企业的所有产品，渠道相对简单；多渠道是指生产者针对不同层次或不同地区的消费者的实际情况，采用不同营销渠道时进行销售。

二、营销渠道的特征

（一）营销渠道具有本地化、排斥性

因为不同区域的消费者有着不同的购买习惯，所以每家企业的营销渠道在不同的地方都会有当地特色，会深深地刻上带有地方特色的消费文化印记。比如广州人喜欢到小区内的便利店里购物，所以在广州就有大量的连锁便利店；但是在上海就不一样，上海人倾向于去超市购买物品，他们认为超市里的产品质量可靠，环境也不错，在里面购买物品更加安全、舒适，所以在上海有比较发达的连锁超市。渠道还拥有比较强的排斥性，在某些营销渠道中，有的企业品牌占据了某种产品的市场份额，那么其他企业品牌就无法进入其中，被排除在该渠道以外。比如餐饮行业，每个月会消耗大批的食用油、大米等，某饭店用惯了某品牌食用油、某品牌大米等，其他品牌的产品要想进入该饭店就非常困难了。所以，渠道的排斥性要求企业一定要抢占先机，抢占优秀和特殊的渠道，在竞争中取得优势。

（二）营销渠道具有特殊性

各个企业都有不同于其他企业的渠道系统，同一个企业在不同地区的渠道结构也都

不尽相同，每个渠道都有其不同的经营模式。或者说，企业如果想要在市场中取得竞争优势，建立自己的营销渠道，就需要根据不同的渠道实施不同的营销手段，建立具有自己特色的营销渠道结构与模式。比如，某电脑品牌的连锁营销管理模式、某电器品牌的区域股份制公司模式以及某饮料品牌的联合销售模式等，都是带有鲜明特色的营销渠道管理模式，使企业的竞争力得到了进一步提高。

（三）营销渠道具有不可复制性

销售渠道具有的本地化、特殊性等，决定了其不可复制性。企业虽然在某一地区拥有完善的渠道管理体系，但在另一地区无法完全照搬，需要从头开始建设目标市场的渠道管理体系，然后脚踏实地逐步完善。

三、营销渠道的职能

营销渠道在整个营销体系中的职能主要有以下几种。

（一）信息职能

信息职能是指获取和传递市场营销环境中关于潜在消费者与实际消费者、竞争者和其他市场参与者的信息。

（二）宣传职能

宣传职能是指宣传关于产品的、具有说服力的、能够吸引消费者的信息。

（三）谈判职能

谈判职能是指尽量取得关于产品的价格和其他条款的最初协议，实现所有权或持有权的转移。

（四）订货职能

订货职能是指营销渠道成员向生产者进行有购买意图的反向沟通行为。

（五）融资职能

融资职能是指收集和分散资金，以分担营销渠道管理工作所需的费用。

（六）承担风险职能

承担风险职能是指在执行渠道任务的过程中承担有关风险。

（七）实体储运职能

实体储运职能是指将产品实体从生产者手中送到最终消费者手中的储运工作。

四、营销渠道设计

营销渠道在整个市场营销体系中的作用日益重要，企业设计、建设好适应自身发展需要的渠道，是取得成功必不可少的重要因素。营销渠道设计是指建立过去并没有存在过的营销渠道，或者对已经存在的营销渠道设计加以改变的活动。它主要涉及以下几个方面。

（一）分析消费者期待的服务水平

设计有效的营销渠道，首先要知道目标消费者在选择产品与服务时所期待的服务水平与服务要求，一般涉及供货批量的规模、收货等待时间、提供的空间便利、产品齐全程度和营销服务方式等方面内容。

（二）设计并调整营销目标

设计营销渠道通常是为更好地完成营销任务。但是，在渠道的设计阶段，企业对营销目标通常尚不明确，特别是在企业改变原有渠道的时候，往往需要企业重新确定营销目标。所以，在这一阶段，渠道管理人员既需要认真评估企业的营销总体目标，以确定是否增加新的内容；也需要确认渠营销目标是否与企业市场营销组合中的其他领域的营销目标相吻合，是否与企业发展的总体目标和策略一致。

（三）评估影响营销渠道结构的因素

在企业设计出一些合理的营销渠道结构后，渠道管理人员应该评估将会影响营销渠道发展的各种因素。虽然影响因素有很多，但大致可分为以下四类。

1.市场因素

在设计营销渠道的过程中，市场因素应当是直接影响营销渠道结构的重要因素。现代营销渠道管理应建立在市场营销概念的基础之上，而这一概念强调以市场为主导。市场因素中，对营销渠道结构有重要影响的因素大致包括市场区域、市场规模和市场密度等。

2.产品因素

产品因素是在设计营销渠道的过程中需要注意的另一类主要因素，包括产品的体积和质量、腐蚀性、标准化程度、崭新程度等。

3.企业因素

影响营销渠道设计最主要的企业因素包括企业规模、经营能力、管理能力等。

4.中间商因素

与营销渠道结构有关的中间商因素包括中间商的能力、使用中间商的成本、中间商所提供的服务等。其中，中间商的能力是企业在设计营销渠道时需要重点考虑的因素。任何一家企业都期待有能力的中间商加入自己的营销渠道，通过和有能力的中间商合作，企业能够将许多事务交由中间商来完成，省去很多精力和成本。

（四）选择营销渠道设计方案

从理论上来说，渠道管理者必须从各备选方案中选择最好的营销渠道结构设计方案。这一方案能够在最低成本的基础上，高效地完成营销任务，帮助企业实现获得最大的长期经济效益的目标。企业可以通过综合分析影响营销渠道结构的各种因素，初步选择适合的营销渠道结构；再根据企业和市场的实际情况对剩余的渠道结构进行删减，以选出最符合本企业发展需要的营销渠道结构。渠道设计方案中应该明确以下几点。

1.渠道成员类型

渠道成员包括批发商、零售商、代理商、经纪人。

2.渠道成员的数量

①密集性营销。在密集性营销中，凡是达到生产者的最低信誉标准的渠道成员，均可以参加其产品或服务的营销。密集性营销最适合于便利品，通过最大限度地方便消费者以增加销售量。

②选择性营销。生产者在特定的市场选择一些中间商来销售本企业的产品。通过该种策略，企业不但可以花费较少的精力联系为数众多的中间商，而且便于与中间商之间形成良性的合作伙伴关系，还能够使企业得到一定的市场覆盖面。与密集性营销相比，企业通过选择性营销可以拥有较大的市场控制力，同时成本也较低。

③专营性营销。亦称独家销售，即生产者在某个地方、某一时间，只选择一个中间商销售自己的产品。它的优点就是竞争程度低。适用于服务质量要求较高的专业产品。

3.其他

渠道成员应具备的基本条件和需要承担的责任，包括销售条件、地区权限、服务标准等。

（五）评估营销渠道方案

1.经济性标准

不同的营销渠道方案会产生不同的销量和销售成本。所以，企业在对各营销渠道方案进行对比评估时，往往需要对各营销渠道方案中潜在的销量和销售成本加以研究。和短渠道相比，长渠道的销量较大，但营销成本也较高；宽渠道比窄渠道的销量更大，但营销成本也更高；当产品的销量在某个量以内时采用间接渠道的营销成本会比较低，当产品销量大于某个量时采用直接渠道的成本比较低。

2.控制性标准

控制性标准即考虑对不同营销渠道方案的管理程度。短渠道比长渠道更容易控制，窄渠道比宽渠道更容易控制，直接渠道比间接渠道更容易控制，单渠道比多渠道更容易控制。

3.适应性标准

在选择营销渠道方案前，首先应当考虑不同的营销渠道结构能够适应企业建立营销渠道目标的程度。当产品的市场容量大，且销量处于快速上升的时期时，企业就期望建立控制力强、有长期稳定关系的营销渠道结构。

五、营销渠道管理

企业在设计好营销渠道之后，如何达到最好的效果，关键就在于如何管理好营销渠道。渠道管理工作是指企业对渠道成员的选择、激励、调整等，并且随着市场发展与营销环境的变化而对整个渠道体系加以完善。企业建设营销渠道体系，仅仅实现了企业营销总体目标的第一步，要确保企业营销总体目标的实现，还需要企业对已经建立起来的渠道体系进行适时管理。

（一）选择渠道成员

选择渠道成员时应当充分考虑的因素主要有中间商经营产品的范围，中间商的市场营销网络、发展前景，中间商的信誉、实力、合作态度，中间商的财务状况、运营管理水平，中间商的商店位置、市场定位等。

（二）渠道控制

企业对营销渠道的控制应该是间接的，因为中间商是独立的经济实体，而非企业的附属组织，企业无权插手其经营管理。企业应对渠道进行有限度的控制，企业常用的控制方法如下。

1.通过签订合同或协议提出一些制约性要求

企业可以让中间商知道企业的营销目标，要求中间商在规定日期内实现相应的销售额，并要求中间商在推销产品时不能侵犯本企业的权益。

2.确定评价中间商工作业绩的各项标准

确定评价中间商工作业绩的主要标准包括销售目标、市场占有率、日均存货水平、向消费者交货的时间等。标准应该尽可能具体化，这样评估起来更加准确。

3.定期检查中间商

企业应定期检查中间商的销售量、市场覆盖率、供应与服务情况、付款和获利情况。检查时要注意查看各个中间商销售了多少种与本企业相竞争的产品，查看中间商能否按时发送订货单，查看哪个中间商在积极努力地销售本企业的产品，查看中间商产品售价的合理程度与宣传的有效性，等等。如此，就能够鉴别出对企业利益有最大贡献的中间商。

4.适当激励中间商

企业激励中间商的方法主要有正向和反向两种，企业正向鼓励中间商的方法包括：理解他们的业务目标和需求，在必要时做出某些妥协；提供市场需要的高质量产品；给予中间商合理的利润、独家营销权和其他一些特许权；给产品做广告宣传，以提高产品知名度。企业应积极协助中间商进行营销推广活动，如企业可以定期派人协助其开展产品陈列、展销、操作演示等；提供产品咨询服务；协助培训销售管理人员和维护人员，并提供技能指导等；帮助他们做好营销管理工作，并协助他们总结经验教训，在最艰难的时刻和他们同舟共济。另外，可适当地进行财务援助，如规定较长的回款期限和为其提供财务保障等。负面激励包括提高产品售价、减少销售优惠等。

企业需要与中间商长期配合，顾及双方的基本需求和共同利益，形成互助互利的合作伙伴关系。

(三) 渠道调整

随着市场和环境的变化,企业的营销渠道也应适时进行调整。当然,一般而言,营销渠道应该相对稳定,但不可能一成不变。当下列情形发生时,应及时调整营销渠道。

1.当企业的经济实力变化时

当企业的经营能力提高了,就拥有了一定的对中间商的选择权,可保留能力较强的中间商,淘汰业绩较差的中间商。

2.当产品销量变动较大时

当企业的销售量增减变动很大时,应当及时调整营销渠道,如变更中间商的数量等。

3.新产品投放市场初期

当已有的市场渠道不能适应销售新产品的需求,应当及时调整渠道,如增减某个市场渠道,或者增减个别渠道成员。

4.当市场环境发生变化时

当市场环境发生政策性变化、消费结构或消费习惯改变或企业的竞争环境改变时,企业就应适当调整营销渠道。针对当时的市场情况,企业或增加新的中间商,或改变原有的渠道结构,以应对市场的最新动态。

(四) 处理渠道冲突

营销渠道的冲突主要有三类:水平渠道冲突、垂直渠道冲突和多渠道冲突。水平渠道冲突是指出现于同一渠道中相同层次的成员之间的冲突,如经营同一品牌啤酒的中间商之间因相互竞争而产生了冲突;垂直渠道冲突是指在同一渠道中不同层级成员之间的冲突,如生产者和中间商之间关于价格、广告宣传、售后服务质量等方面的冲突;多渠道冲突是指企业实行多重渠道营销时,不同营销渠道在将产品销售给同一个目标市场的消费者时产生的冲突。解决渠道冲突可以采用以下三种方式。

1.形成健康稳定的市场营销网络体系

形成健康稳定的市场营销网络体系，确定以某一地区为总经销商的主要市场发展区域，并在相邻区域内依次设立不同层级的经销商，在网络体系上堵住可能形成跨地域营销行为的漏洞。以中心城市为圆心，形成区域内包含发行商、批发商和零售商在内的市场营销网络体系，以区域完整的营销体系来抵御其他地区经销商的冲击。总经销商一旦确认，就不得轻易更换。规定各地总经销商实行"高筑墙，不扩张"的相邻市场关系政策，集中精力发掘本地市场的潜力，不给其他经销商提供进入本地市场的机会，同时严格限制其向其他市场扩张。

2.制定完善的市场营销策略

首先，企业要完善定价策略。在制订产品定价策略时不但要考虑出厂价格，同时又要兼顾批发价和终端售价。每一级别的利润设定要合理，每种产品价格的执行要严格。其次，企业要健全专营权制度。当企业与经销商之间订立了专营权合同时，企业要对窜货问题作出具体的规定，在合同中要写明区域限制、许可期限以及违规处置等。再次，企业要完善促销策略。要确定合理的促销目标、适度的奖励额度、恰当的促销时间、规范的兑奖措施以及合理的市场监管手段，以保证整个促销活动在计划范围内进行，避免市场失控。最后，企业要完善返利策略。返利策略将影响经销商扰乱定价、恶意竞争等行为的产生。所以，在合同中明确返利的标准、日期、形式和附属条款，这是制约经销商的主要手段。

3.建立健全的管理体系

首先，企业可以设立市场总监，建立市场监督体系。市场总监定期巡查各地市场，对市场上出现的问题，会同企业各相关部门予以解决。市场总监是制止跨区域销售行为的直接管理者，如果发现跨区域的销售行为，其有权决定处罚事宜。其次，企业应实行奖惩制度。发生窜货的地区，必然有经销商因为权益受损而向企业投诉，企业对投诉的经销商予以鼓励；对窜货的经销商，可采取四级惩罚措施，即警示、停止广告宣传、撤销当年返利和撤销其经销权等，按窜货的轻重情况进行区别处理。对违反规定的销售人员绝不姑息，轻则处分，重则开除。最后，采用产品代码制。所谓产品代码制，指的是把各个销售区域都编上唯一的号码，印在产品包装上。产品代码有利于企业对窜货情况进行正确区分。如果从甲地发现乙地产品，企业可以确定窜货的来源，也就可以快速做出应对。

第三节　营销渠道的激励与风险控制管理

一、营销渠道管理中的激励管理

（一）激励实施的前提与意义

营销渠道管理工作中，激励实施的前提是了解并分析营销渠道中间商的不同需求。只有了解其需求，才能有的放矢地采取奖惩措施，取得良好的激励效果，促使其取得良好的工作绩效。中间商的需求主要有以下几个方面。

1. 经济的需求

追求销售利润最大化，不愿承担过多销售费用。

2. 安全的需求

理性中间商永远会将货款安全置于首位，不会因为完成了预期的营销任务就盲目铺货和压货，给自己造成巨大财务压力和直接损失；同时，在运营中力求稳健，往往不在市场前景并不清晰的情况下，做大量市场开拓工作。

3. 权利的需求

中间商力求最大限度地掌握消费者信息，希望零售终端是自己的资源，自己是生产者与零售终端之间的桥梁，不希望生产者越过自己直接与零售终端交流。

由此可知，企业应通过满足中间商的需求，与之实现共赢。激励有助于充分调动中间商的积极性和主动性，促进营销策略的顺利实施，同时通过对中间商的监督管理，促使其遵守生产者制定的营销策略，从而防止跨区销售。

（二）激励实施的三个层次

了解渠道中间商需求和激励的意义之后，激励的实施就成了"决胜终端"的关键。在详细介绍具体激励措施前，必须先要清楚的是，营销管理工作的核心就是有效满足消费者需求，而在营销渠道管理工作中激励的核心是给渠道成员提供足够的支持。由于生产者和中间商是业务链上的不同环节，在跨组织环境中，要组成高度互动的团队就需要精心设计支持项目。而在营销渠道管理系统中的激励，在大方向上的原则就是给渠道成员提供支持项目。

总的来说，支持项目通常分为合作性计划、合作伙伴或策略同盟、营销计划等三种，支持项目管理通常在策略深度上逐层递增。

在相对宽松的营销渠道中，合作性计划是最常见的策略激励方式。当然，具体的合作性计划的操作方法取决于生产者的想象力与执行力。

更进一步的则是结为合作伙伴或策略同盟。区别于较宽松的合作形式，策略同盟更强调生产者和渠道成员之间持续的、相互支持的合作关系，要形成互动性更强的工作团队和渠道伙伴之间的联合，以期产成协同效应。

最后，最复杂的具有高度主动精神的营销团队建设方式，就是营销计划的设计。营销计划不仅不同于松散的商业协作模式，而且远远超越了合作伙伴或策略同盟的范畴。概括来说，营销计划的设计基本上涵盖了渠道关系中的每个方面。这一方案的核心内容是形成一个有计划、有专门管理系统的渠道。通过生产者与渠道成员之间的合作，综合考虑二者需求，以达到最佳的激励效果。成功的、全方位的营销计划，能够给渠道成员提供垂直渠道发展所需要的资源优势，保证各渠道成员之间商业运作的独立性，实现最大化双赢。

（三）激励实施的具体措施

根据激励的三大层次指导，激励实施的具体措施有着不同的分类。根据激励实施手段的不同，可分成直接激励和间接激励等。

1.直接激励

直接激励的实质是一种奖励政策，即通过给予物品或金钱的奖励来肯定渠道成员在产品销售和市场规范操作等方面的良好业绩。

①通过返利的形式进行奖励，是在实际销售活动中使用得最为普遍的奖励方式。另外，由于年终奖金激励政策为返利政策的一种，因此受到不少中间商和生产者的重视，于是将其从返利政策中分离了出来。实际上，返利政策与年终奖金激励政策内容基本相同，但一般有过程返利与销量返利两种。

过程返利是根据过程管理的需要综合考虑返利标准，这样既可以帮助中间商提高销量，又能防止中间商的不规范运作。过程返利激励方式一般涉及中间商的铺货率、售卖点气氛（即产品展示生动化）、安全库存、在指定区域营销、标准定价、专销（即不售卖竞品）、守约付款等。

销量返利是根据渠道成员的销售数量而设置的一项奖励，目的就是提高销量和利润。在销售实践中一般有三种方式：销售竞赛，即对在规定的范围和时间内取得销量第一的渠道成员予以奖励；等级进货奖励，即对进货总量达到不同等级的渠道成员予以不同的奖励；定额返利，即对进货金额总量超过相应数额者予以奖励。

②给予中间商尽可能丰厚的利润，也是企业进行激励的主要策略。通过建立合理的级差价格体系，确保利润在不同层级渠道成员之间合理有序分配，即确保各级别的中间商均能通过销售产品而获得合理的收益。生产者须本着公平合理、利益均沾的原则，从双方的长远效益考虑解决经营利润的合理分配问题，以充分调动各层级渠道成员的积极性。当然，在企业发展的不同时期、各个阶段，各层级中间商所发挥的作用不同，级差价格体系也应该适当调整。

2.间接激励

间接激励是指通过支持营销渠道成员改善服务质量、提高营销效率和增强营销效果来增加收益，以此调动其积极性。企业进行间接激励一般采取以下几种方法。

①推出适销对路的优质产品。生产者应该把中间商当作消费者的总代言人，在产品的数量、品质、种类、价位和交货日期等方面尽量满足中间商需求，并为其创造良好的营销条件。还应按照市场需求和中间商要求，经常地、合理地调整生产计划，提高生产制造技能，改进企业管理水平，努力制造物美价廉、适销对路的产品。只有这样，产品才能顺利地进入最终市场。

②积极开展促销活动。加强对中间商广告宣传和促销活动的支持，以减少市场流通阻力，提高产品销售能力，使其成为中间商的重要收益来源。当中间商在自己的区域内开展促销活动时，生产者应当大力支持。如帮助中间商掌握产品的先进技术并提供技术

咨询服务；利用广告宣传、组织产品陈列和操作演示等多种形式的活动，来开拓产品市场。有力的促销活动既可提高产品的品牌知名度，也能帮助中间商获得收益，进而调动其对产品销售的热情。

③帮助中间商做好员工培训工作。对一些生产者来说，有些无法完成或不能全部完成的工作需要请中间商代为管理，这就需要生产者对中间商进行市场营销、人力资源等管理方面的指导。生产者协助中间商培养人才的好处显而易见，因为渠道维护和企业政策执行等都需要由中间商和业务员去推动，即使利用现代信息技术和手段，也无法取代中间商和业务员的个人技能，无法取代其准确的市场洞察力。所以，培养业务人员的技能、沟通技巧和财务知识，提高中间商的整体水平，已成为营销市场中重要的非价格竞争手段。培养中间商的管理能力和市场营销能力，并根据其发展中出现的具体问题，给出具体的解决办法，不但可以提高中间商的营利能力，而且可以让中间商和生产者共同进步，形成能长久合作的伙伴关系，在合作中实现双赢。

二、市场营销渠道的风险控制管理

（一）渠道成员的选择

挑选渠道成员应该有一定的标准，如经营规模、管理水平、营销理念、对新生事物的接受程度、合作精神、对消费者的服务质量、客户数量、发展前景等。

（二）争取渠道成员的基本原理

1.计算期望利润

良好的中间商是各生产企业争取的目标，因为他们正经营着一些竞争性品牌的产品，中间商选择经营一种产品主要考虑期望利润的大小，而期望利润又受到下列因素的影响。

①短期利润。短期利润指企业经营某产品的毛利润，毛利润=单位产品的差价×销量。总体来讲，当生产企业在刚开始经营目标市场渠道时，就需要给中间商以较高的单

位产品差价,因为这时的销售量是不确定的。而在日后,随着销售量的增加,可以逐步降低单位产品的差价。

②预期利润。当期的收益并不是中间商决定是否加入渠道的唯一因素。中间商还要考虑生产企业未来的发展情况,也就是自己若成为该生产企业的渠道成员后的期望利润大小。而一旦中间商相信其未来会有更大的销量或更高的利润,即使短期利润并不高,他们也可能会考虑加入。

③风险。风险是中间商重点考虑的因素之一。利润高,但风险也高,中间商不一定加入;利润低,但风险低,中间商也有可能加入。

2.影响期望利润的各因素分析

①短期利润。中间商在计算短期利润时主要考虑差价的大小。差价的大小主要由生产者来确定,但会受到两个因素影响,一个是竞争对手的差价,一般不能低于竞争对手的差价;一个是可能的销售量,而可能的销售量又要受竞争产品的实际销售量的影响和中间商所掌握的该产品在其他地区的实际销售量数据等各种因素的综合影响。因此,生产者需要确定一个合适的差价。

②预期利润。预期利润主要建立在生产者的运营管理水平、产品在其他市场上的获利能力、生产者对中间商的支持与优惠力度、企业信誉、行业发展前景等基础上。当然,预期利润的多少还和中间商的自身情况密切相关。

③风险。风险一般有两方面:一个是市场风险,一个是生产者策略风险和信誉风险。市场风险就是指这种产品的实际利润如何,是否存在阻碍产品向消费者传递的因素。生产者策略风险是指生产者设计的营销策略是否有利于降低市场风险。如饮料生产者怎样处理即期产品,怎样解决产品不适销对路等问题。如果生产者提供调换产品的服务,则无疑降低了中间商的风险。而生产者的信誉风险则是指生产者对中间商的承诺能否实现。

(三)争取渠道成员的方法

中间商要根据市场各方面的信息进行决策,而这些消息有很多是由生产者及其业务代表所提供的。为此,生产者及其业务代表需要通过各种渠道不断宣传各种有利于中间商加入自己营销渠道的信息,从而影响中间商的决策,并促使其加入。

参 考 文 献

[1]史有春,耿修林,张永健.市场细分新范式:基于两类不同产品的实证研究[J].南开管理评论,2010(3).

[2]罗纪宁.市场细分研究综述:回顾与展望[J].山东大学学报(哲学社会科学版),2003(6).

[3]史有春,耿修林,张永健.关键描述变量在市场细分中的中介作用研究[J].商业经济与管理,2010(5).

[4]李立.市场细分在市场机会发现中的作用探讨和分析[J].中国商贸,2011(9).

[5]刘英姿,吴昊.客户细分方法研究综述[J].管理工程学报,2006(1).

[6]冯军.多元统计分析在市场细分中的应用[J].科技信息,2011(7).

[7]董昌林.工业品市场细分中的投射法应用[J].市场研究,2011(7).

[8]卢泰宏等.消费者行为学:中国消费者透视[M].北京:高等教育出版社,2005.

[9]何伟,柴俊武,刘英姿.基于利益的客户细分中的利益内涵研究[J].管理学家(学术版),2009(2).

[10]李辉.市场细分的成功路径[J].市场研究,2012(4).

[11]陈杰群.中间商渠道上的营销问题分析及对策研究[J].知识经济,2013(24).

[12]冯志强.市场营销分销渠道策划的研究[J].云南行政学院学报,2013(5).

[13]梁巧桥.基于不同分销渠道模式的中间商满意度管理研究[J].现代商贸工业,2011(11).

[14]汪彤彤.消费者行为分析[M].上海:复旦大学出版社,2008.

[15]朱远红.基于消费者行为的营销策略分析[J].现代商贸工业,2009(16).

[16]许彩国.消费者购买决策影响因素分析[J].消费经济,2003(1).

[17]赵远胜.市场细分下市场营销策略的构建分析[J].商业经济,2016(2).

[18]钱旭潮,韩翔.买方市场细分及营销策略[J].中国流通经济,2000(4).